U0644901

文 教 往 事

◇ 李宝龙　著

广陵书社

图书在版编目（ＣＩＰ）数据

文教往事 / 李宝龙著. -- 扬州 ：广陵书社，
2024.7
ISBN 978-7-5554-1889-4

Ⅰ．①文…　Ⅱ．①李…　Ⅲ．①社会科学－文集　Ⅳ．
①C53

中国版本图书馆CIP数据核字(2022)第128538号

书　　名	文教往事
著　　者	李宝龙
责任编辑	李　佩
出版发行	广陵书社

扬州市四望亭路 2-4 号　　　　　　邮编　225001
（0514）85228081（总编办）　85228088（发行部）
http://www.yzglpub.com　　　E－mail:yzglss@163.com

印　　刷	扬州皓宇图文印刷有限公司
开　　本	889 毫米 ×1194 毫米　1/32
印　　张	8.25
字　　数	160 千字
版　　次	2024 年 7 月第 1 版
印　　次	2024 年 7 月第 1 次印刷
标准书号	ISBN 978-7-5554-1889-4
定　　价	28.00 元

李宝龙和鞠龙英夫妇在明孝陵留影（2021 年 1 月）

序

朱光亚[1]

李宝龙同志的儿子李新建教授是我的学生,新建告诉我他父亲的部分文稿计划印出来,告诉我他父亲曾经希望我写篇序。宝龙同志长我一岁,又都是一路吃过各类苦走过来还不肯放弃的读书人,因而嘱我写序自然有其深意。虽然我只有一次因出差到过泰兴,但从更大一点范围来说,我们还拉得上同乡,我祖上是靖江人,如今归泰州地区,所以也有了更亲一层的关系。只是我始终是个在外漂泊的游子,而宝龙同志则始终是守护家乡的卫士。

我和宝龙同志这一代人经历了中国的人口从 4 亿 5 千万到 6 亿、到 8 亿、到 10 亿、12 亿直到 14 亿的历史进程,经历了耕者有其田又共同富裕、后来又分田到户的乡村历

1　编者按:朱光亚先生是东南大学建筑学院著名教授、博士生导师,曾获国务院政府特殊津贴、国家科学技术进步一等奖、中国建筑学会建筑教育奖、中国民族建筑事业终身成就奖和"江苏省设计大师"称号。

史变革，经历了吃饭需要粮票、穿衣要布票到终于不要粮票、布票还有饭吃有衣穿的历史阶段，经历了无数政治挂帅、突出政治的运动到终于不要折腾的历史时期，更不要说我们经历了抗日战争、解放战争、抗美援朝战争还有触及灵魂的"文化大革命"的历程，看惯了舞台变换的各类"明星"的浮沉。中华文明发展史上的五个阶段我们经历了后边的三个——新民主主义革命阶段、社会主义建设的阶段和改革开放的阶段。我们深知自己的命运和国家的命运、民族的命运不可分割，深知今日的成果得来不易，深知中华民族是个充满了忧患意识的民族，是个始终自强不息的民族。因此牺牲个人和家庭的利益而服从于大局成为我和宝龙同志这一代人的思维常态。那句"大河没水小河干"也是在改革开放后正过来反过去不断揣摩才逐渐明白的。

在经历了如此多的风云变幻后，李宝龙同志肯定有不少感慨和心得想向他热爱的家乡人民诉说。但从新建整理的拟出版内容看，他似乎专注于从少年到工作后的泰兴教育领域，并将回忆录的这部分名之为"文教往事"，即使退休后回乡怀旧写到那早已被拆的文庙之类的场所时仍然心有戚戚，可见他对自己曾经从事的教育事业的感情。回忆录中最后几篇不是文教，但却收入文集，显然是他有意让这几篇留给当代和后世品味的，这几篇不仅使他的泰兴历史回忆延续到新世纪，还将泰兴城在世纪之交的巨变呈现给我们，既有为家乡现代化的欢欣，也有为失去的文化遗产和历史记忆的惋惜，从一个侧面折射了中国千千万万县城在城市化过程中的得失和对此进行的反省。我想起辛弃疾的"少年不识愁滋味"的词，觉得要改一改才能和宝龙同志的一生契合，那就改成："当年识尽愁滋味，欲说还休，欲说还休，不过天凉好个秋。 今人难识愁滋味，爱上层楼，爱上层楼，丢却青史能不愁？"希望后人在读到他说的每周要挑着粮草步行十五里去上初中以及为追寻历史遗迹的线索却不可得的惆怅时，能够理解中国的近代历史是怎样走过来的。

李宝龙同志写得一笔好字，在长期的实用书写中不断融会临池心得，功底远比电脑时代的若干书法家们要扎实得多。他留下来的墨宝后代应能作为帖书学习，从中也能看出他的人品，那样中规中矩，朴素无华。

2022 年 6 月 30 日

老来话当先(代自序)[1]

　　2007 年五一长假前后，我和老伴先后去南京儿子那里居住，因为他们要有自己的宝宝啦！是年 12 月 4 日，一对孪生姐妹顺利出生，我们老两口自然升格为爷爷奶奶，家里充满了久违的小孩的哭闹声、欢笑声，自然也增添了许多的忙碌。

　　在孙女们进入幼托班之前，我们老两口常常陪着住家保姆出没于小区的院子里、附近的公园里，东水关在明城墙脚下，地势开阔，空气新鲜，历史文化底蕴很深。她们记忆力特强，我第一次向她们介绍了朱自清、俞平伯，时隔两三个月后，她们还记得这两位近代的大文豪。

　　宝宝们进入幼托班之后，我们老两口一下子闲了许

　　1　编者按：此文原是李宝龙先生为《实言闲趣》书稿所作自序。经先生子女同意，本次出版将书名改为《文教往事》，对原稿所选文章和辑录顺序略做调整，以聚焦泰兴文化、教育和社会经济的发展变迁。原稿中的南京历史文化专辑和打油诗作将另行结集出版。特此说明。

多,用惯的脑子里自然冒出了许许多多的往事。

"老来话当先"是泰兴的一句俗语,意为老年人喜欢在年轻人面前唠叨甚至炫耀自己所经历过的往事。泰兴方言里,"先"含有"前"的意思,如"先日子"就是"前天"的意思,"当先"就是"从前"。

2011年暑假,我们一家赴深圳、香港旅游返宁后,我正式开始学习电脑拼音打字,并写作了一万多字的《深港行散记》。此后,我感受到了电脑写作的便利,利用照顾孙女的闲暇时间,"双管齐下",一边用毛笔、钢笔临习创作书法,一边用键盘、鼠标摘录写作文章,看到什么想到什么对什么感兴趣,就写什么。除了录入以前手写的部分旧作,随时记录生活点滴和随感,摘编书法理论和诗词古文佳作外,陆续写了一些难忘的往事,并有意识地对泰兴、南京两地历史文化进行资料查阅和实地考察,将所见所思诉诸文字。如此十年,不知不觉已经积累了40多万字的文稿,虽杂乱无序,但足以自娱自乐。

此次,在儿女们的建议和协助下,挑选和整理其中的部分文章,分两本结集出版。一是这本公开出版的《实言闲趣》,收录的是与泰兴、南京两地历史文化和时代变迁相关的文章,基于我个人的经历和视角,为现在的年轻人了解过去提供些文字资料。二是不公开出版的《耕读传家》,收录的是与我们新街李氏家族的历史变迁、家风家训和今昔情形有关的文章,希望家族子女后人阅读和保存,不忘祖训,传承发展。

收入《实言闲趣》的文章分为四辑,前面两辑以时间为线,分别回顾了改革开放前的教育往事和社会变迁;后面两辑以城市为线,分别聚焦于家乡泰兴的文化经济建设发展和客居地南京的历史文化传承。最后附录了我近年所写的50首打油诗,都是不求工整的记事感怀之作。

所选的文章,或长或短,或繁或简,但总体上具有以下三个方面的特点:

一是立足时代实情。我生于1941年,解放初入学,"文革"前大学毕业,此后工作在泰兴教育、文化和科技战线,直至2000年退休,2007年后往来于泰兴、南京两地。无论是亲身经历并熟悉的教育往事和社会变迁,还是查阅文献并实地考察的泰兴、南京历史文化,都立足于记录特定时代的所见所想,家事国事总关情。

二是着眼文化旨趣。我钟爱传统文化,长期从事教育文化工作,退休后得闲写作,内容也多与历史文化有关,涉及社会风气、地方习俗、方言俗语、历史保护和城市建设等,都是文化的载体。时代必然是发展的,当代城市建筑、物质和社会生活更是日新月异,只有历史文化能通过保护和扬弃而一直传承后代。因此,历史文化于我个人是有趣的,于整个社会是有益的,正是我写作的旨趣所在。

三是行文语言朴实。我是数学专业出生,虽然热爱文学、音乐和书法,但反对过度修饰、以辞害意、隔靴搔痒的所谓"美文",所以写作中秉持实话实说的理念,直抒胸臆,用朴实的语言描述真实的情景,用平实的字句表达真实的感受,可叙则叙,欲议则议,应褒则褒,当贬则贬,只有朴实的,才是生动的,才是最有生命力的。

如上,就是这本《实言闲趣》的缘起、历程、内容和目标,我以一首打油诗总结为:"难得老来闲,实言话当先。趣在文和史,留于后人传。"

书中均为个人的所见所忆和所想,若有疏漏、偏颇之处,还望读者包涵。

李宝龙

2021年春

目　录

第三辑　社会变迁杂谈

第四辑　经济建设思考

「文教
往事」

第一辑
历史文化研究

泰兴县传统经济和文化

此文成稿于 1989 年,是我参加泰兴县情调查组时主笔撰写的章节,属于中国社会科学院组织实施的中国百县市情调查的一部分,全文收入中国大百科全书出版社 1992 年出版的《中国国情丛书——百县市经济社会调查（泰兴卷）》一书中。

一、传统经济

泰兴属地系长江中下游冲积平原,无山矿资源,只有土地作为生产劳动的对象。在漫长的封建社会里,境内经济是以种植业和养殖业为主、以农副产品的初级加工和与之相关的商业贸易为辅的自然经济,几乎没有机器生产。

种植业以粮食作物和油料作物为主。一年两熟,夏熟产小麦、元麦、大麦和少量的蚕豆、豌豆;秋熟产高粱、粟子、稻谷,以及大豆、花生等油料作物,还有红薯、芋头、胡萝卜之类。境内沿江（长江）、沿靖（靖江县）一线的水田和圩田地区,秋熟种植水稻,其余绝大部分地区种植旱谷,因而总体产量低而不稳。

在历史上,泰兴的粮食作物以种植旱谷为主,这是由邑地成陆状况决定的。据载,早在西汉时代(公元前202年—公元8年),焦土港以北、江平公路以东的大片土地渐次成陆,面积85万多亩,高程5米左右。成陆地表土质较沙,粉沙含量高达百分之八十以上,黏粒含量仅有百分之八至百分之十五,且剖面上下都有石灰反应,有的可见石灰结核(即砂码儿),土质贫瘠,农民就引种北方旱谷,故多为秋熟品种。高粱、粟、穄(即糜子)生命力较强,耐旱耐瘠;大豆、花生能自生根瘤固氮,可以抗衡土壤含氮量极少的情况;还有荞麦、胡萝卜和豌豆等,生长期短,可以提高复种指数;芋头、红薯、绿豆、赤豆、芝麻等也在旱谷地区普遍种植。这里的民谣说得好:"旱谷旱谷,一年十八熟,荒了这熟望那熟,荒到临了还有胡萝卜。"水稻的种植始于三国时代(220—280)。由于长江北岸河滩向南延伸,经过短期的生草过程,被淀积物覆盖形成圩田地区,大致在焦土港以南、靖泰界河以北的沿靖一线。南唐时代(937—975),县境西部江边各沙洲由于江滩水流所夹泥沙的沉积作用,开始连接成一片水田地区,范围在今江平公路西侧的沿江一线。沿江、沿靖区带地势较低,一般高程4米以下,最低处仅2米多,土地肥沃,有机质含量高,保水保肥性能好,似同江南水乡。到明成化年间

（1465—1487），圩田地区普遍种植水稻，迄今已有 500 多年的历史。

大面积高沙土地区种植旱谷，促进了泰兴养猪、榨油、酿酒业的发展。高沙土有机质含量低，而猪粪是含氮量较高的有机肥料，于是兴起了养猪业，并以猪粪肥田。所产小麦、高粱，部分供人、畜食用，部分酿酒。酿出的酒经酒行销往江南各大城市，酒糟、酒浆留着喂猪，常年不断，使用吃酒糟、酒浆的猪的粪垩田，还有杀虫之效。泰兴民谣"养猪不赚钱，回头望望田"，即为粮、猪生产良性循环的朴实反映。农家养猪，每户年均三五头者居多，少数殷实户年养十几头甚至更多。所产生猪多由"猪客人"收购，集中运往沪宁线和浙江余杭一带销售，少量自宰自销，或经腌腊行加工成咸肉、火腿出口。酿酒业遍及城乡，稍大一点的村庄，都有一两家糟坊，为农户加工煮酒。所用原料为夏熟小麦和秋熟高粱，多为季节性生产。随着商品交换经济的发展，境内酿酒业日趋集中，手艺亦日臻完善。尤其是城黄（泰兴—黄桥）公路以南，有不少大糟坊常年煮酒。所需的粮食多为泰县的姜堰乡、白米乡和海安的曲塘乡一带购进。所产的酒则集中到霞蟆圩等地的酒行，再销往外地。民国年间，霞蟆圩有大小酒行 20 多家，年吞吐量很大。所以，泰兴历史上以猪、油、酒著称。据传上海有一条路，由于泰兴的猪、油、酒大量在那里倾销，便命名为泰兴路。泰兴出口的油，主要是花生油。旱谷地区花生的播种面积约占秋熟总面积的百分之三十,亩产 150 公斤左右。所产花生,除留少量供四时八节、来人去客外,多数送当地小榨油坊(基本上每村都有一爿榨油坊)榨油。榨油剩下的油饼喂猪,油转售出口。据《泰兴物产出口说明书》(南洋劝业会编)载,早在清代,泰兴就有腌腊、花生油等产品行销中国香港、新加坡等地。

泰兴其他土特产为数也不少,包括白果、半夏、蚕桑、苎麻等。泰兴白果栽培历史悠久,所产大佛指,子大、壳薄、肉嫩、浆水足,营养丰富,早已闻名遐迩。境内顿车、金沙、曹堡、张河等地,至今还有数百年、上千年的古银杏。最大的一株银杏胸径 2.1 米,树高 22.8 米。据说,银杏树初始多栽在庙宇、祠堂门前,以其枝繁叶茂、树干高大点缀风景,蔚为壮观。当时,产量不多,只供乡人零食零售。鸦片战争以后,始有商贩运往山东、安徽等地,换回柿饼、枣子以及其他土特产。后有外人将白果销往中国香港、新加坡和南洋群岛一带。从此,栽植银杏树的人家一年多似一年,以宣家堡、田家河、孔家桥、刁家铺一带为最盛。据《江苏实业志》载:1932 年,泰兴白果出口数量已达 15000 担以上,当时称泰兴为"银杏之乡"。其次为半夏。全国的半夏,以泰兴为好,有"泰制半夏"之称。境内过沙土地适于半夏生长,与三麦共地,高低相容。旧时麦收季节,乡人四出采集,去皮、晒干、入药,最多年份收购量达 6500 公斤之多。蚕桑种植历史较长。清末宣统年间(1909—1911)

专设蚕桑公所，购湖州桑种 20 万株，众多农户种桑养蚕。1932 年，泰兴蚕丝产量已逾一万公斤。至于苎麻，则家家户户种植，宅前屋后，多少不等。此外，蟾酥（即"癞宝浆"，可以入药）、何首乌、溪桥螃蟹以及长江刀鱼、河豚、鲥鱼等，在境内都颇有名声。

随着农副业产品及其加工业的发展，商业、运输业也在泰兴境内应运而生，农村集市逐步兴起。据载，明万历年间（1573—1620），就有泰兴城、黄桥、马甸、口岸等集镇，清代有 10 多个，民国年间发展到 20 多个，并逐步形成贸易专业市场。黄桥镇位于如皋、海安、靖江、姜堰和泰兴的中心点，南临长江，北通苏北平原，水陆交通方便，素称商业繁华。该镇古称永丰里，因此地有座黄桥，桥两侧商旅麇集，更名为黄桥镇。南通、如皋的大布，靖江的棉花，泰兴的猪、油、酒以及姜堰、白米、曲塘的粮食，大批在这里加工集散。1940 年，该镇有工商户千余家。其中，米行 120 多家，油饼厂 11 家，肉松厂 5 家，腌腊厂 13 家，还有大大小小的京、杂货店，鳞次栉比，一派繁荣，故有"泰兴一城不如黄桥一镇"之说。至今该镇仍保留米巷、珠（猪）巷、布巷、牛集场等地名，留下旧时商品集散状况之烙印。口岸镇，古称柴墟，曾为县治所在，商业繁荣自然很早。该镇面临长江，苏北腹地里下河地区千百河流经泰州入南官河，在该镇南龙窝码头注入长江，既是商轮开埠设点之地，又是南北通衢要道，作为历史上重要的木材集散地，长达五十年之久。是时,这块弹丸之地,计有金寿木帮等较大木号二十五六家之众,停泊木排十里之长,拆做木排的季节性工人数以千计,年拆做量达 20 万立方米。木号林立,客户纷至沓来,经纪人活跃其间,旅店、餐饮业随之而起,单龙窝码头附近,就有大小旅馆、饭店百余家。金寿木帮还在该镇营建了金寿会馆,其富丽堂皇之状不必细说。当时的口岸镇真可谓人海如潮,木积如山,熙熙攘攘,买卖兴旺。此外,霞蟆圩、广陵镇的酒行,宣家堡的腌腊行、白果市,马甸的油行等等,都为邑人知晓。除了集市贸易之外,乡间多有定期庙会进行物资交流,更有挑担货郎走村串户。

总体而言,泰兴传统经济的特点是高沙土地居多,种植旱谷为主,盛产猪、油、酒,商贸业较为发达。但是,旧时的农业生产条件很差,用犁锄、钉耙以为耕种,用水车、桶挑以为排灌,用连枷、手掼以为脱粒,用石磨、石碾、石碓以为粮食、饲料加工。到了民国年间,方开始用简单机器榨油。至于电力用于生产,则到了新中国成立以后的"大跃进"年代才广泛应用。所以,旧时的各业生产,几乎全靠老天风调雨顺。而泰兴境内河流同时受制于淮河水系和长江水系,夏秋两季,旱、涝、风灾、蝗灾等常常发生。据光绪十二年《志》之《述异篇》载,自宋至清,有案可稽的灾害性年份达 250 年之多。土地资源贫瘠,生产工具简陋,天灾连年不断,血吸虫更加肆虐,加上苛捐杂税,地主盘剥,广大农民辛苦劳动一年所得无几,每到春荒岁底,各村总有几户靠借贷甚至乞讨度生。好在泰兴人吃得苦,耐得劳,又恋家,一日三餐,以糇子粥(麦粉少量和水煮成)填肚。贫苦人家一年之中,米面很少沾牙,即便是殷实达户,面米之类也非家常食用。

二、传统文化

泰兴素有尊师重教的优良传统。长城内外,大江南北,都有泰兴籍文化人在各个岗位上工作,这同历史上泰兴重视文化事业有着密切关系。

1. 教育

泰兴历代均设有学塾,作为科举应试的基础教育。学塾称谓不一,明代称社学。当时全境设社学,幼童15岁以下须入社学读书。县治设儒学,主要学习儒家学说。社学生成绩优异者可补充儒学生员。到清代,社学停办,官府和地方士绅捐资,在县治和少数几个集镇开办过几所义塾。广大农村普遍开办私塾,富家子弟就读"金馆",多数聘秀才执教;绝大多数私塾由村民联办,族长或士绅出面,聘员执教,称"太麦馆"。"金馆"以读书进仕为主要目的,学习《四书》《五经》、诗赋、对联等,得功名者多数出于这类私塾。贫家子弟多就读于"太麦馆",以识字为目的,主要诵读《三字经》《百家姓》《千字文》《四言杂字》等。私塾在泰兴延续久远。民国年间,乡间尚存私塾,只不过在教学内容和方法上经过改良而已。

历代县治设儒学（通称"县学"），专供科举取士之用。泰兴儒学始建于南宋高宗年间，咸淳年间始设书院。元末书院毁于兵火，明太祖洪武三年（1370）在旧址重建。后经明、清两代修葺、扩建，至清光绪年间，书院内有大成殿、明伦堂、崇圣殿、忠义孝悌祠。书院以论经籍为主，延请进士、举人担任教席，一般月课两次，平时则让学生在号舍自读。儒学定期招收文武生员，岁科两试，凡进取的生员月给廪米，称"廪膳生"。廪生年久，选拔最优者入贡，入国子监读书，故称"贡生"或"监生"。贡生再经层层选拔，中举入仕为官。据旧县志载，泰兴自宋至清，应科举考试被录取为进士者70人，其中文科56人，武科14人；被录取为举人者295人，其中文科167人，武科128人。又据旧县志载，泰兴历代书院有马洲、凝秀、延令、襟江、太平洲、丽黄、崇化等7所。迄今，唯襟江书院尚保存完好。

清末废科举，兴学堂。民国初年又改学堂为学校。这一期间，泰兴的文化教育事业有了新的发展。光绪二十七年（1901）知县龙璋改襟江书院为泰兴县学堂，同时境内各地初等小学相继建立。到辛亥革命前夕，泰兴有初等小学53所，高小4所。龙璋爱惜人才，举荐丁文江东渡日本留学。丁学成回国，获格致科进士，并献身于祖国的地质事业。龙璋此举，至今还在泰兴境内传诵。1932年，全县有公、私立小学172所（其中完小5所），初级中学3所（泰兴、黄桥、口岸各一所）。县城有私立城东女子小学和代用女子小学各一所,开女子走出闺阁进校读书之先河。

泰兴教育事业的较大发展,始于抗日战争时期解放区革命的民众教育运动。1940年秋,新四军东进,泰兴建立了抗日民主政府,在广大农村根据地实施抗日民主教育。苏南沦陷区一批泰兴籍知识分子响应抗日民主政府的号召,回乡办教育,先后办起了中学20多所和县立乡村师范。当时的办学任务是培养为抗战服务的各级干部并组织各界群众学习政治、文化。教材自编自选,教法是教、学、做相结合。1945年,抗日民主政府对全县各中学进行了调整,将泰兴县中、公任中学等6所中学并为泰兴中学,分四院八部。泰兴在外地的老干部绝大多数出自这类战时学校。在这期间,被战争破坏了的小学教育事业也逐步得到恢复,1941年小学只有66所,1945年恢复到100所,还有识字班、识字组、民众夜校、冬学运动,村村开花,男女老少共同学习。这种民众教育,理论联系实际,把抗日斗争同生产劳动、文化学习紧密结合起来,对于组织群众抗日救国起了极大的思想发动作用。解放战争时期,中国共产党一直注重加强对教育的领导,在解放区,继续巩固革命的、民众的文化教育,为彻底解放泰兴全境作了较好的组织准备、思想准备和文化准备。中华人民共和国建立初期,相当一批常年民校就是以当时的冬学、识字班组随转而来的。

2. 文史著述

泰兴历代文人,多有著述,但孤本散佚难考。现据旧县志记载,选述几本论著及其作者。

《福建定乱记事》,明万历进士朱一峰所著。朱一峰时任福宁府知事,协助巡抚守金门。出奇计,焚敌船,赶走了盘踞澎湖的荷兰人,后又平息福宁兵变。

《楚辞删注》,明万历进士张京元所著。作者另著有《寒灯随笔》一卷。

《十篇斋集》和《悲花馆集》,明万历进士何南京所著。

《皇华集》,明举人张珹所著。张珹于成化年间出使朝鲜。一路描绘景色,歌咏风物,辑诗二卷,被朝鲜人汇刻成册。

《玉如意》,传为清乾隆进士严振先所著。此书是长篇章回七言说唱本,记述宦海浮沉、世态炎凉、姐妹易嫁的故事,用泰兴方言俗语成书,流传很广。严振先还著有《南池文集》《游吴草》《北上草》。

《四裔朝献长篇》五十六卷,清光绪优贡举人朱铭盘所著。此书是朱铭盘在军幕写成,整理记录了西汉到明代二十五朝的朝献故事,以寄托忧患情思。作者还著有《两晋会要》八十卷、《宋会要》五十卷、《齐会要》四十卷、《梁会要》四十卷、《陈会要》三十卷。

《韵史》八十卷,清道光岁贡何萱著。此书乃是研究汉字形、音、义三者演变史的专著,书名收入《辞海》,据说至今尚属独存。何还著有《红霞山人文集》十卷、《红霞山人诗集》一卷、《琴法指掌》二卷等。

3. 民间文艺

泰兴民间文学资源,包括民歌、民谣、民谚、民间故事等,均相当丰富。这些民间文学创作,与当时人民的生产、生活息息相通。有劳动号子,如《车水号子》《花生号子》;有反映男女之间真切爱情的民歌,如《送郎》《姐在河边洗茼蒿》;有劝世的唱文,如《二十四劝》《访友要访好宾朋》;有反映当时建筑及雕刻艺术的,如《十二张雕花床》《泰兴城厢十景》;有寓传授知识于歌谣之中的,如《百样花名》《串字歌》等等。尤其在战争年代,革命的、大众的歌谣如雨后春笋,应时而出,《黄桥烧饼歌》《当兵要当新四军》《天上有个扫帚星》《抗战逃难行》《黄桥镇上的姑娘》《我们的课堂》《冬学好》等等,在当时都很有影响。

泰兴无地方剧种。民间文化娱乐生活有说鼓儿书、打花鼓、撑旱船、挑花担、舞龙灯、踩高跷、跳加冠、唱道情等,多为季节性、自发性活动。唯有木偶戏班,常年不断,世代相传,经久不衰。他们在乡间演出京剧,以徽调"高拨子"为主。据考证,境内木偶戏极盛时,有一百多个戏班,前后有一百五十多年的历史。泰兴亦可谓"木偶之乡"了。泰兴花鼓是境内出名的民间舞蹈。其历史相传有二三百年之久,由《打莲湘》和《打花鼓》演变发展而来。基本动作"颠三步"贯穿全舞,舞姿豪放、多彩、质朴,曲调明快、流畅、清新,唱起来一气呵成,热烈向上,深为广大群众喜闻乐见,在全国民间舞蹈中亦占有一席之地。

泰兴方言。泰兴始建于南唐。是时，境内南陲属吴语语系，北界属京语语系，大部分地区界于两者之间，所以语系特殊，方言颇多。但因泰兴传统文化水平较高，诸方言皆有考究，不失文雅。现举数例说明之。

杲昃，意指物、东西。今试析，杲，指日出之处，可谓东；昃，指日偏西之时，可谓西。釜冠，意指锅盖。釜者锅也，冠者盖也。赖宝，意指蟾蜍。泰人因其外形而曰“赖”，因其于人有益而曰“宝”。进木，意指杉木。因境内无有此木生长，纯需从外埠进口而得名。告送，意指告诉，这是一个外交词语。打摆子，意指疟疾病。旧时，老百姓少有医学知识，故从其发病时呈现周期性寒热之症状，称其为“打摆子”。

还有许多，如男将、女将，指已婚男女。凉日子，指月亮。丢点，指开始下雨。先年子，指前年；先先年子，指大前年。负笼子，指渔人背在身上的鱼篓子。犯腔，指小孩贪玩，不做正事，或指用具出了毛病，或指事情遇到波折等。做格局，指装腔作势。说奅话，指任意夸大，大吹牛皮。不作兴，指不应该或不允许这样做。冇了，指没有了。等等。

三、传统经济和文化引来的几点联想

其一，历史上，泰兴高沙土居多，水系复杂，灾害性年份概率较高。新中国成立四十年来，人民政府领导人民平田整地，治理水系，引江水灌溉，有效改良了土壤，增强了抗御自然灾害的能力,农业生产水平有了大幅度提高。近几年来,由于农业投入机制的变革,治沙改土工程有所松懈,如此下去,不要很久,非但以前的水利工程效益减弱,更有百万之众的立足之地不断沙化之虞。兴修水利,治沙改土,实乃前有先祖之鉴,后为子孙造福之根本。为官一任,造福一方,就须刻刻不忘兴修水利,治沙改土。

其二,泰兴有善种旱谷、盛产旱谷的历史。可以设想在少数高程较大的连片土地上引种良种旱谷,继续发展传统优势,满足人们对食品结构多元化的需求。

其三,猪粮良性循环,是泰兴的宝贵传统,任何时候都不能小视,即便在当今种养业效益比较低下的情况下,也要倾其余粮,以养猪消化之。不妨还可设想:仿传统模式,充分利用苏北的粮食卖方市场和沪宁沿线对猪、猪副产品的买方市场,发挥泰兴在苏中的区位优势和养猪业的传统优势,再发掘生猪的深度加工,发展生猪的商品生产,走出一条致富泰兴的新路。

其四,泰兴历史上"欣然于文教",新中国成立四十年来,泰兴教育也是闻名遐迩。今后,在建立和发展社会主义商品经济新秩序中,泰兴人不该丢却先祖重视教育、重视人才培养的遗风,要舍得花钱办教育,培养好子孙后代。

其五,唯独泰兴人有喝糁子粥的习惯。据说,两泰官河在泰兴境内还有一段叫"糁子港"呢。泰兴糁子粥的由来,笔者无多考证。然而,旧时粮少人多,以糁子粥度日是事实。现今,米多面多,物质生活水平普遍提高,粯子粥只成了泰兴的习惯食物和调剂口味的"土啤酒"而已。不过,旧时那种吃粯子粥所体现的艰苦奋斗精神应该永远保持,断断乎不能忘却。

一九八九年八月于泰兴

泰兴方言里的文言味道

　　随着科学技术的不断进步和世界经济一体化步伐的不断加快,地球村越来越小,人们的流动和迁徙成为常态,思乡的心绪也随之成为常态。一个常年在异国他乡学习、工作和生活的游子,偶尔听到一句乡音,心情激动异常,总禁不住走过去和那位老乡攀谈。乡音是乡人的魂,是游子的根。而方言俗语又是乡言的一张独特名片,是千百年来祖祖辈辈的文化积淀。

一、写作缘起

　　泰兴位于江淮方言区、官话方言区的最南缘,与属吴语方言区的靖江毗邻,也就是说位于京语系和吴语系的交汇地带,所以,泰兴方言具有南北交融的特点。

　　南京大学教授、博导、方言与文化研究所所长顾黔,泰兴古溪人,他对江苏方言和民俗的研究硕果累累。他把泰兴方言划归通泰方言,并著有《通泰方言音韵研究》一书。

2008年，教育部启动"中国语言资源有声数据库"项目，顾黔教授于2010年亲自对泰州所辖四市一区的方言全程录音，并分别用国际音标和汉字进行转写，继而整理、建库、入库，为家乡方言资源的保护作出了重要贡献。

1989年，我在《中国国情丛书——百县市经济社会调查》丛书中撰写的《泰兴县传统经济和文化》一文中涉及泰兴方言，认为泰兴方言里蕴含文言味道的成分比较多。

前不久，我在整理文字稿时，偶尔翻到了2002年收编的《泰兴方言》，录及泰兴方言俗语500条左右，自以为这些方言俗语有咬嚼、有讲究，因此再次燃起了整理泰兴方言中那些具有文言味道的词汇和俗语、谚语的想法。

为此，我又拜读了吕耕樵先生2013年出版的《泰兴方言辞典》一书。该书收录了近8000个条目，真可谓工程浩繁，用心精细，其中收集民间第一手、原生态资料所需的功夫、毅力和信心可想而知。应该说，这部辞典的问世，是今人研究本邑方言俗语的重大成果，对本文的帮助也很大。

二、文言韵味

既然是方言俗语，对于同一指事、指物，各地有各地独特的读写，难以尽数汇集，唯其有文言韵味的方言俗语，才觉得有咬嚼、有讲究。一方水土养育一方文化，泰兴的方言和俗语，虽然介于京语系和吴语系之间，但是因其区位在长江以北,受中原文化的影响想必深于受吴文化的影响,所以,泰兴方言俗语中的文言韵味自然显得更为浓厚一些。

我想特别说明一点,即这里的所谓"文言",并非艰深难懂的古文学语言,而是相对于普通人家在日常生产、生活中使用的语言而言"文"了一点,可以看作是旧时士大夫和官场人群使用的口头和书面语言。

如杲昃,是泰兴方言中最有标志性、使用频率最高的词语,甚至有人把泰兴人戏称"泰兴杲昃",其意为"东西"。杲,明亮,如杲杲日出。昃,太阳偏西,如日中而昃。乡人有"日出为杲,日落为昃"之说,因日出位东,日落位西,由此引申出"杲昃"意为东西。"东西"是一个广义代词,可指代任何一个物件,也可指代一个动物、植物,如"格是什的杲昃",意为"这是什么东西"。甚至还可以指"人",如骂人语:"恁不是个好杲昃",意为"你不是个好东西"。

再如方言"怵惧",意为害怕。"怵"和"惧"两个字,都是害怕之意,但其文雅的气息比较浓,可能有些人连"怵"字都不认识或读不准。

在泰兴方言中类似的词语相当多,笔者想把这类词语尽量罗列,尽可能查阅其背后的典故和相关的泰兴风情,以期为泰兴方言的记录和研究增色一点。

为方便起见,拟以方言用汉语拼音转写时的第一个字母为序。可能因为方言的读音不容易十分准确，难免有所差错，敬请指教。

三、方言词汇

【A】

爱小：好占小便宜。

挨搞：受苦；吃苦；艰难地度过。例"格个人家老小重，小俩个拼得挨搞"。挨：遭受；忍受；困难地度过；拖延。搞：做；干；从事；设法获得。抗日战争之前，汉字中并没有"搞"字，大型辞书亦未收录。据说是夏衍1939至1941年在桂林主编《救亡日报》时，发明此字，作为万能动词，语义不断扩张。新中国成立后的第一版《新华字典》将其收录，例句为"搞通思想"。方言"挨搞"中的"挨"，当取遭受、忍受之意；"搞"，当取做、干之意。

【B】

八担重：或八石(dàn)重，很重。担，重量单位，100斤等于1担。石，容量单位，10斗等于1石。例"腿脚拖不动，身子八担重"。

扳驳：批评；辩论。扳，取意"把输掉的赢回来"；驳，驳斥。

扳手：本指拧紧或松开螺丝、螺母等的工具；器具上用手扳动的部分。方言喻事态逆转的可能。例"他的病太重，恐怕没扳手"。

板板六十四：也作"版版六十四"，形容不知变通或不能通融。据载，宋时官铸铜钱，每板六十四文，不得增减。由此比喻人遇事刻板，难通人情。

半边人：旧时对寡妇的雅称。尤其在儿女婚庆大礼时，"半边人"会主动避开现场，以图吉利。

表白：白，乡音读若 pò，说明白。常用于对人解释，说明自己的意思，或故意显示自己的好意和功劳等。

秉性：性格。秉是一个文雅的词，意为拿着、掌握、主持等，如秉烛、秉笔、秉政等。例"格个人家的姑娘秉性好，祖传好，娶到她是前世修来的福气"。

不菲：多，很多，非常多。菲，微薄。例"年前头几天，大润发的人不菲，总是买年货的"。

不作兴：在情理上、习惯上不允许。例"不孝敬老人是不作兴的"。

巴沟：一种多年生植物。其生命力极强，根系发达，能很好地保护水土，多用于在沟坎上固土护坡，因此叫"巴沟"。

扒闷胡：小纸牌的一种玩法。胡牌时 31 张，故又叫"扒 31 张"。乡间扒小纸牌还有一种玩法叫"扒铳胡"，胡牌时 23 张，则叫"扒 23 张"。小纸牌，长约 15 厘米，宽约 1.5 厘米，牌面与麻将类似，都有 1 到 9 的万、条、筒，计 108 张。另加千字、空堂、紫花各 4 张，再加喜儿 5 张。通常是 4 个人一起玩，但每牌总轮流有一个人休息，直直腰，踱踱步,为牌友倒倒茶。被轮流休息的人叫"桦家",所以,比较适合老年人玩。闷胡的规则比铳胡复杂得多,除了与麻将那样"顺搭""碰搭"外,另外还有一套专门的搭牌口诀和计胡方法,并且每起一张牌,必须翻开给其他人看,先尽别人需要,别人和自己都不需要的牌,要将牌面朝下,底面朝上,闷胡的"闷"可能由此而来。所以,有人说闷胡是一种文雅牌、君子牌。

把稳:把持稳妥,稳当可靠。例"小伙子做事只叫个把稳,恁就把心放到肚子里"。

【C】

参(cēn)前差(cī)后:参差不齐。参差,形容长短、高低、大小不齐,不一致。

成趸儿:趸(dǔn),整批的,一总。例"成趸儿买,价格便宜点"。

徜徉:徜,乡音读若tǎng。徜徉指闲游,安闲自在地步行。喻小日子过得舒服,例"小两个的日子徜徉得很"。

朝纲:朝廷法纪。例"管恁多狠,也犯不了朝纲"。

承情:领受情谊。承,客套话,取意"在下面接受、托着"。例"您这样慷慨解囊,真是太承您的情了"。

痴眼目瞪:动作、思维不敏捷。

迟鱼:杀鱼。迟,源于凌迟,古代的一种酷刑,先割肢体,然后断其喉。

丑猇:喻人调皮、犯腔;心术不正,惹人讨厌。猇,传说中的一种食人兽。例"格个人一向丑猰，恁要防着点"。

仇隙：相互间有矛盾、间隙乃至仇恨。

出铳：（说话、做事）超出常理，违背常规；打牌时出牌让别人胡了。铳，古代的一种兵器。例"格个人不懂事理，说话经常出铳"。

怵惧：害怕、恐惧。

春话：男女情欲之类的话。

村话：乡村老百姓之间的话，多指粗俗的话。例《红楼梦》第 26 回"如今新兴的，外面听了村话来，也说给我听；看了混帐书，也来拿我取笑儿，我成了爷们解闷的了"。

醋心：妒忌心。女人之间争宠谓之吃醋。

吃砚墨水：指读书写字，学习文化。喻"砚墨水"为"文化""书本"，倒也形象鲜明。《玉如意》第 2 回"为人吃点砚墨水，就像换了一个人"。《玉如意》是一部长篇章回体说唱本，叙述了邹府长女嫌贫赖婚，次女顺命代嫁的故事，反映了封建社会宦海浮沉、家庭兴衰、世态炎凉、人情冷暖的真实情况，歌颂了清官、淑女的善良行为，谴责了赃官、负心汉的丑恶行径，传递了善有善报，恶有恶报的人世间信条。因之，乡人称《玉如意》为"劝世文"。作者严振先，字鹏飞，乾隆六十年进士，官至吏部主事、员外郎等职。《玉如意》问世 200 多年来，在江浙一带，尤其在泰兴境内广为流传，可谓家喻户晓，老幼皆知。特别是书中运用了大量的泰兴方言俗语,使乡人倍感亲切。《玉如意》是迄今为止,唯一一部准确运用泰兴方言俗语最多的文学作品,朱东润先生还将其译成英文,介绍给国外读者。

春栀:即春酒。栀,古时盛酒用的器皿,引代酒。乡人有春节期间请亲朋好友会聚的习俗,叫"请春栀"。栀,栀子树,常绿灌木。请春栀,可能也有讨个四季常青的彩头的意思。

春盘:又作"春拌"。民俗,立春之日以韭菜、蛋皮、粉皮、螺蛳肉及果、饼等做成拼盘,称为春盘。开春以后,韭菜刚刚出芽,嫩香可口,春盘以韭菜为主,配以其他,时至今日,仍不失为乡人的时令美食。

巢箕:一种篾丝编成的小提篮。上、下底呈圆形,下底小而平,上口大,口径30厘米左右,状如鸟巢,故名"巢箕"。这种特别的小提篮,如放置一只大碗进去,恰好紧贴在篮壁,十分稳当。旧时,农家常常用它送饭和吃食给在田里忙活而无空回家吃饭的人。

敞庭:旧时大户人家高大而宽敞的房子。

滞底:煮稀饭时,米粒或糁子附着、滞留在锅底而难于起动。

搋(chuāi):用手使劲揉压。如"搋酵""搋他两拳头"。

出恭:大小便的雅称。从元代起,科举考场中设有"出恭""入敬"牌,上厕所者须领"出恭"牌,以防考者擅离座位,因俗称如厕为"出恭"。

【D】

大:泰兴方言中有多种读音和字意。一是读 dà,与"小"相对,形容体积、面积、数量、力量等方面超过一般或超过所比较的对象。二是读为 tài,太的古字,意同上。本邑东乡与如皋等地毗邻的乡镇至今仍读"大"为"太",例"格部机器多太啊"。三是读成 dài,如"大夫""大王"等。

搭浆:掺杂掺假;含有水分。

打:泰兴方言与全国其他好多地区的方言一样,"打"字含义很广,除作量词(如一打火柴)、介词(如打前年起)外,多数时作为动词,其表示的动作有很多种,有人戏称之为"万能动词"。吕耕樵先生《泰兴方言辞典》中收集的打字开头的词语就有 83 个之多,如打合、打底、打食、打照、打破砂缸璺到底等等。

打合:怂恿;拉拢;劝说。合,乡音读若 gū。

打食:鸟、兽、禽、畜寻找食物。《红楼梦》第 101 回"谁知这山上有一个得道的老猢狲出来打食"。打食,还有一种贬义是谓男女在外面偷欢,称之为"打野(乡音读若 yǎ)食"。

打底:煮粥时适量加入米、豆之类,亦称为"放搅锅粮"。例"糁子粥,米搅锅,肚子吃得着地拖"。

打照:观察动静,及时通报;放风,多用于贬义。

打冻:结冰。

打磨匠：旧时用铁穿（铁钎）锻打石磨的匠人。旧时农家将小麦、玉米等谷物粉碎，都是用石磨磨碎，石磨的阳齿和阴槽的设计是一项专门技术，所以，打磨匠是一种专门的职业。

打破砂锅璺（wèn）到底：喻追根究底。璺，乡音读若mèn，器物上的裂纹，例"这只砂锅有了一条璺"。"璺"与"问"同音，因有"打破砂缸问到底"一说。

打会：指一人请会，多人参与的一种民间互助筹资形式。参与者按约定时间和数额出钱，轮流收取会费，收取会费的时间一般安排在会员临治大事前的日子里。

打圆场：谓调解纠纷，缓和僵局。例"他们两个人在吵架，您去打个圆场吧"。

打腰站：两顿之间的小食，即副餐。腰部，位于人体中部，两顿中间的副食故称"腰站"。腰者，半也，故有"半山腰"之说。

打尖：在旅途中或劳动时休息、吃东西。《镜花缘》第63回有云："即如路上每逢打尖住宿，那店小二闻是上等过客，必杀鸡宰鸭"。

打肩：踩在他人肩上攀登或够拿高处的东西。

得济：得到帮助。济，接济。

戥子（děng zi）：旧时测定贵重物品或某些药品的小秤。构造和原理跟杆秤相同，盛物体的部分是一只小盘子，最大计量单位是两，小到分或厘。

掂量：用手托着东西上下颠动来估量轻重；斟酌。例"事情就是这样，你们回去掂量着办吧"。

点卯：点名。旧时官府在卯时（上午五时至七时）查点到班的人。

点拨：指点。

玷辱：使蒙受污辱。玷，污点；辱，耻辱。

笃实：忠诚老实。笃，忠实；很。

度量：也作肚量。指能宽容人的限度。例"他脾气好，度量大，能容人"。

踱方步：慢步行走；也喻拿架子的样子。古时官场上的人走路不急不躁，多是走四方步。

歹怪：丑怪；难看；不三不四。多用于骂人。

对合：各一半。"合"，乡音读若 gū。

对缝合榫：连接和拼合榫头。喻传说或议论和事实相符合；也喻两人意气相投，意见一致。

丢点：开始下雨。老天爷开始把雨点往下丢了，通俗又形象。

甸：古时称郊外的地方为甸。城外为郊，郊外为甸。邑内县城郊外就有地名叫十里甸、马甸。

单寥寥：单独、唯一。寥，少，如寥寥无几。

独凳：单人坐的较高的凳。其实，农家的独凳主要用于够高，它比用梯子省料，挪动方便，一般情况下也够用了。

淀汤落水：稀饭因变质而出现上面浮水，米、粉等固态物沉淀在下面的现象。也作钉汤落水，喻萧条之貌。例"某某地方自从撤乡建镇以后，没有以前繁华了，变得淀汤落水"。

【F】

发禄：禄，福禄。发禄，意为发迹、腾达或发旺，茂盛。例"佴格把小猪发禄得很"。

番瓜：南瓜。番，这里指外国或外族。南瓜最早是从外引进中原的，故称番瓜。番茄、番芋亦如是。

犯腔：不上规矩。可以指人、事或某器物。腔，这里指戏本用的腔调，上规矩，有板有眼。例"格个伢儿小时候死犯腔，长大以后变了个人"。"车子犯了腔，今天走不成了"。

犯嫌：调皮、讨嫌。例"恁不要在这里犯嫌"。

奉送：敬辞，指赠送。奉，取"献给"之意。

封外：原意是封禄之外。泛化为另外、附加之义。

俯就：敬辞，用于请对方同意担任职务。例"经理一职，祈求俯就"。也有迁就、将就之意。例"这台电脑一般，先俯就用一段时间再说"。

釜冠：锅盖。古代称炊事用具为"釜"，今相当于锅。如破釜沉舟、釜底抽薪、釜底游鱼以及"煮豆燃豆萁，豆在釜中泣"等。古代称礼帽或在庄重场合戴的帽子为"冠"，如冠冕堂皇、弹冠相庆、衣冠整齐等。泰兴方言里把锅盖叫釜冠,未免文(闻)到有点儿"酸"味了。这里称之为"釜冠"的锅盖,是指旧时铁锅上用的木制锅盖,全杉木,木板之间用竹制销钉连接,不施油漆,纯天然。

富态:也称富胎,婉辞,多指成年人身体胖乎乎的样子。喻"胖乎乎"为"富态",够雅的。

妨法:违背法规、法律。例"我不曾做妨法的事,我怕哪个?"

负篓子:又叫负笿子、壶篓子,指背在身上的竹篾编制的鱼篓子。负,背。如负荆请罪。旧时,渔人捕鱼时常把负篓子背在身上,便于将捕来的鱼随手放进去。这种鱼篓子呈扁平状,口小腹大,像军用水壶,而且,入口处编制成漏斗状,活鱼放入后蹦跳不出来。每到秋冬季节,水位低,气温也渐低,河岸的瓦坎里水温稍高,常常有鱼躲藏在里面。渔人便趁机下河摸鱼,因为鱼躲藏在里面怕动,加之当人体靠近瓦坎时,体温引诱它向人体游动,很容易把鱼捉住,"请鱼入篓"。瓦坎,是过去生态河床所特有的自然现象。那时,河岸线的加固全部用栽植小丛树、芦竹、巴沟草等的办法,使其根系牢固地扒住河岸。河岸在水浪成年累月的冲击下,形成了在丛树、杂草的根系下深凹进去的大大小小、深深浅浅的水塘,像瓦片做成的涵洞,是秋冬时期鱼类藏身绝好的、天然的温塘。现在瓦坎可稀罕了,河岸已被千人一面的石坝直立墙所替代。

伏伏如降:甘心情愿地服从。此方言生动形象。《玉如意》第 10 回"大家替他娘舅出口气,叫他伏伏如降做外甥"。

蜂糖糕:用发酵的面粉做成的食品。内有许多小孔,像蜂窝似的,故名。

【G】

格:这个。乡音读若"隔",吴语读音。使用频率极高。

杲昃:是泰兴方言中最有代表性、使用频率最高的词语,甚至有人把泰兴人戏称"泰兴杲昃"。其意为"东西"。杲,明亮,如杲杲日出。昃,太阳偏西,如日中而昃。乡人有"日出为杲,日落为昃"之说,因日出位东,日落位西,由此引申出"杲昃"意为"东西"。"东西"是一个广义代词,可指代任何一个物件,也可指代某动物、植物,如"格是什的杲昃",意为"这是什么东西"。甚至还可以用来指代人,如骂人语"恁不是个好杲昃",意为"你不是个好人"。

也有人认为,泰兴方言"杲昃"应为"杲梓"。"昃",太阳偏西为"昃",偏西不能就指意为西。从"日中而昃,月盈则食(蚀)",可以看出,"昃"的意思是"亏",相对词是"盈"。《千字文》里"日月盈昃"之"昃",也是"亏"之意,与示意"东"的"杲"不搭架,更不能将"杲"和"昃"阴差阳错地组合起来代指"东西"。而"杲梓"的"梓"意为梓树之"梓"。"梓",在《辞海》《现代汉语词典》等辞书里也没有指"西"的表述。但是,古有"桑梓"一词,是家乡的代词。在古时候,宅东栽桑、麻,因有"日出扶桑",

以"桑"指"东"。宅西栽梓、榆,高大乔木,可以屏障西面的太阳或寒风,于是,人们把"梓"意指为"西",把"杲栉"意指为"东西"。另有《诗经·小雅·小弁》"维桑与梓,必恭敬止",意为家乡的桑树和梓树,是父母所栽(传说桑麻为母所栽,梓榆为父所栽),对它们必须恭敬。父与母相对,"桑"与"梓"相对,"桑"意东,"梓"意西,因有"杲"意为东,"梓"意为西,所以就有了泰兴几千年来美而雅的方言"杲栉"。

旮旯:角落,喻偏僻的地方。

干巴涩噎:干巴巴的食物难以下咽。涩,舌感像吃了不熟的柿子那样麻木的感觉。

格正:讲究、考究;也喻漂亮、美好。讲究、漂亮到规格方正的程度,故称"格正"。例"格个人长相格正,说话做事也一样格正"。

格局:结构和格式。

根老果实:喻稳重可靠,很形象。例"格个伢儿一向根老果实,谁家的姑娘把了他百二十个放心"。

告送:也作告诵,意为告诉、告知。"告送"也常用于外交词语中。

谷公雀儿:又叫"郭公雀儿",布谷鸟的俗名。布谷鸟鸣叫时发出"谷公""郭公"的声音,故名。例"谷公雀儿叫一声,四十五天有粮囤"。

庚帖:旧时男女双方订婚时要交换写有姓名、生辰八字、籍贯、祖宗三代等内容的帖子。因其上载有年庚,故名庚帖。

高下:即高低。古词,凡"低"皆说"下"。例"两个人打架,不分高下"。

高低:低,方言读若"基"。原指高高低低。泰兴方言中也有指尊卑、多少的;又有指不管怎样。例"该说的、能说的话我都说了,他高低不听"。

【H】

海海老儿:全部、统统。例"一辈子的辛苦钱海海老儿在这里,你们拿去买房子吧"。海,还常用来喻广阔、博大。如海选、海碗、海量等。

猴急:又称猴躁,形容人很着急。

活泛:动作敏捷灵活;为人处世灵活。活,此读若"吴"。

伙家:对同辈人或同伴的称呼,一般不用于对长辈和同辈中的年长者。

合婚:旧俗,婚前男女双方交换庚帖,看八字是否相配。旧时有一些人专门从事这种行当,为人算命、看相、测字,并在街头摆摊经营。这些人也常为人代写书信。他们头戴瓜皮帽,身穿长大褂,斯斯文文,有的还立一杆小旗,上书"赛半仙"之类的广告语以招徕顾客。

红头赤脸:喻面色通红,多指被严厉斥责后的窘相,有时也指发怒者本人。

亨飨锅：无烟囱的单锅小灶，多为小家庭用。我在霍庄初中读一二年级时，住在学校附近农家自炊，就是用亨飨锅烧粥做饭的，今不多见。这种锅有的用小砂缸做锅的胎体，故又叫"缸锅飨"。亨，古字同"烹"。飨，书面语言，用酒食款待人，泛指请人享受。一个再简易不过的小灶，居然用了两个文乎文乎的词，泰兴方言真够讲究。

贺奉：拍马屁；说好听的话。

烘篮：一种用竹篾编制的大眼无盖竹篮。旧时，专用于烘干小孩衣服、尿布等，使用时，竹篮倒扣着，里面放置火盆，今不多见。

【J】

季手：乡人称左手为季手。有少数人写字、拿筷、扒牌、打球等习惯用左手，通称为"季撇子"。

加二奉承：特别客气，加倍奉承。"加二"，在原来的基础上再加二成，意为更加、加倍。例"恁老大人几十年没来过，我们全家人加二奉承，特别孝敬"。

假马若鬼：假装得很不像。

解手：大便、小便。旧时，被押解的犯人必须戴枷、铐手，重则脚镣。当犯人要大小便时，须经捕快同意，解下手铐。后来，便把大小便雅称为"解手"。解，乡音读若"改"。

界棵：田间界址的标志物。乡间多以栽植几棵枸杞为界，故俗称"界棵"。

借光：借助他人的势力或影响，分沾他人的利益；一种客套话,用于请别人给自己方便或向人询问。例"能来这么大的公司工作,是借他哥哥的光"。

就迁:也作就牵,不顺遂,勉强;条件不具备,将就着办。例"他家的日子一直过得比较就迁";又"厂里的设备比较简陋,日常生产常常就迁"。

拘礼:拘泥于礼法、礼节。《儒林外史》第25回"老友,你若只管这样拘礼,我们就难相与了"。

记色:也作记识,指可以引起回忆的标志、标记、印码。例"我把已经自然熟的桃子都做了记色,恁采摘时注意一下"。

进木:杉木。因本地不产杉木,都从外地进口而得名。

系(jì)马桩子:一种一年生杂草的俗名。此草根系特别发达,一棵根盘大的系马桩子,要费很大的力气才能拔起,喻可"系马"。据传,北宋名将牛皋曾把马系于其上,故得此名。嫩时可供猪、羊、牛等食用。

焦屑:用炒熟后的大麦或小麦磨成的细粉,乡人叫作焦屑,是旧时农家自制的干粮。农历六月,新麦登场,乡人常常制作焦屑,方便食用。有云:"六月六,吃口焦屑长块肉"。《玉如意》第7回"吃焦屑要赔涎水咽,一样自己费精神"。

锔:用铜或铁打成的两脚钉,来连合破碎的锅、碗、砂缸等器物。如"修锅锔碗"。旧时,有不少穷人家对有点儿破的锅或碗舍不得扔掉,而是请"修锅匠"修好了继续用,"修锅匠"也是社会上的一种手艺人。如今,修锅锔碗这个行当几乎绝迹,其修作工艺应当列入历史文化遗产。

酱罨子:罨子是农家用以遮阳挡雨的用具。多以芦苇片编制而成,也有的用竹篾编制。旧时,酱园房制酱,酱缸放置露天,日晒夜露,天然发酵。为避风防雨,每个酱缸上都遮有芦苇编制的尖顶宽沿的罨子。与农人常戴的斗篷相像,故名酱罨子。

穄子:字典载其为一年生草本植物,形状与黍子相似,但籽实煮后不黏。乡人有说"黏穄子""硬穄子"的,可能是指黍子的籽实,碾成米后叫黄米,性黏的叫"大黄米""黏穄子",性不黏的叫"小黄米""硬穄子""粟子"。书面语言"粟子"又称为"谷子"。稷,古代称一种粮食作物,有谷子、高粱、不黏的黍子三种说法。古代以稷为百谷之长,因此帝王奉之为谷神,因有"江山社稷"之说。

【K】

开蒙:旧时私塾教儿童开始识字或念书。当时,蒙学的读物以《三字经》《百家姓》《千字文》为主。

囥(kàng):形声字,意为藏。俗语"一人囥物,十人难找"。

扛榜:公布榜上的最后一名。一个"扛"字,生动明了。多指竞赛或考试中的最后一名,即倒数第一。常带贬义,但也不完全是贬义,如"人大代表候选人公布榜上扛榜的是恁,祝贺恁榜上有名"。

扗扗累累：多、很多。一般指果实结得多的样子。例"佤家桃树上的桃子结得扗扗累累"。扗，读 kuǎi，把东西捞在手弯里或捞在腰间。扗扗累累，比喻果树上挂了许许多多的果实，生动形象。

宽坐：客套话，坐得宽松、舒服一点。

【L】

癞宝：蟾蜍。身体表面有许多疙瘩，内有毒腺，能分泌黏液，黏液干燥后称蟾酥，可以入药。蟾蜍吃昆虫、蜗牛等小动物，对农业有益。蟾蜍是个宝，但其外表有癞皮，故乡人称其为"癞宝"，名副其实。

老貔貅：多用于责骂倚老卖老的人。貔貅是一种兽类，形似虎，或似熊，毛色灰白，辽东人谓之白熊。雄者曰貔，雌者曰貅，故古人多连用之。"南京"牌香烟盒上就印有貔貅作为商标。

临了：临近结束。

了手：完毕，结束。例"如果不依法办事，快刀斩乱麻，格桩事没得了手"。

凌澤：冬天屋檐下垂挂的冰锥。

落泊：流落飘泊，喻潦倒失意。例"家贫落泊"。

两片瓦：老式棉鞋的俗称。老式棉鞋的鞋帮由两片状如小黛瓦一样的鞋面缝合而成，故称"两片瓦"。这种棉鞋穿脱方便，保暖性能也较好。

来去：这是一个使用频率较高的方言，有多种涵义，如交往；如来由，道理；如上下、左右，表示概数。例"我同他一直有来去"；"怎不把格桩事说出个来去，佈不肯依妥"；"他家离佈只有里把的来去"。

栏车：小孩坐的小木车。它是旧时小孩用品的"三大件"（火桶、焙桶和栏车）之一。栏车一般是 7 个月到 1 岁多一点的小孩使用。说得夸张或浪漫一点，类似"敞篷汽车"。整车呈长方体，长 80 厘米左右，宽和高 60 厘米左右，全用小木条穿制而成，榫卯结构，没有一根铁钉，既环保又安全。后部的适当位置安一块坐板，前部顶面有一块小小的面板，可以放置玩具、饭碗之类，底部的四处各安装了一只木制的小轮，以便推着走。考究的人家在栏车的相关部位还雕上适当的纹饰，如在柱头上雕狮面，在牙板上雕草纹、如意纹等。栏车主要是春、夏、秋天天气不冷时用的坐车，常常可以推出去玩玩。要是小孩撒尿、拉屎了，用水冲刷冲刷就行，因为是全木、框架结构，既轻便又耐脏。

笭底砖：一种正方形的大砖块，其边长约 30 厘米。因其尺寸约莫笭底大小，故称"笭底砖"。也有大规格尺寸的，40 厘米、50 厘米不等。笭底砖的生产，经历从砖泥的选择、砖胚的制作到入窑烧制、出窑整理等一系列工序，要求极其严格，成砖的方整度、平整度、光洁度以及细密度要求都高，主要用于大户人家的厅堂、廊道、庭院铺设，也是当今历史文化名居、名街的修缮和复建工程中必备的建筑用材。

【M】

没眼笛子：比喻没处下手解决问题或处理事情。生动形象。

马硍(kèn)：粘附于马桶内壁的坚硬的淀积物,据说可入药。硍,附着在人体或衣物上的污垢。

冇：读 mǎo,实为"没、有"二字的合音,意为没有了。冇,是一个会意字,"有"字里面少了两横。

买嘱：给人钱财,请托办事。《儒林外史》第 41 回"我父亲和他涉了讼,他买嘱知县,将我父亲断输了"。

描剪：理发师用的细长的剪刀。一个"描"字,将理发师用描剪时的精心、专注之状说得活灵活现。

湎：乡音若"咪",小饮。如"天天弄点小酒湎湎,蛮适意"。

【N】

恁：方言读若"能(第 3 声)",你或您的意思,使用频率极高。

女将：本指女中将领,喻能干的妇女。旧时,乡人多称已婚女人为"女将"。

嫩生：谓嫩,或不成熟,不老练。例"伲伢儿嫩生,请多关照"。

驽驸：驽,驽马,劣马。比喻人没有能力。

驽钝：迟钝,愚笨。

拈阄：用抓东西或抓卷起来的字条的方法,来随机决定胜负或某种物品的归属。

懦善：软弱而善良；忠厚笃实。多文雅的一个词。

【P】

扒灰：谓公公淫于儿媳的不伦之事。民间传说"扒灰"一词乃苏东坡的杰作。说这位风流大师一日见儿媳卧于床上，用手指蘸梳妆台上的粉灰，在桌上写了"绫罗帐里一琵琶，想要弹它理又差"，媳起而视之，即续上"借与公公弹一曲，肥水不落外人家"。苏东坡一见，生怕别人看见，急忙用手将桌上的粉灰扒掉，从此，"扒灰"成为乡间翁媳私通的代词。虽则是一个戏说，然古今许多文学作品都引用过，《红楼梦》第七回云："焦大越发连贾珍都说出来，乱嚷乱叫，说'我要往祠堂里哭太爷去。哪里承望到如今生下这些畜生来，每日家偷狗戏鸡，扒灰的扒灰，养小叔子的养小叔子，我什么不知道！咱们胳膊折了，往袖子里藏'。"乡人也有"说扒灰是福分，真扒灰是畜生"之言，可见人们对违背伦理道德者持鄙视态度。

怕惧：害怕。

嘌忽：形容吃饭的姿态不雅，毫无节度，狼吞虎咽。嘌，吃饭无节度。忽，快、疾。这个方言，使用频率较高，但是有多种写法。如嘌哇、嘌喔、嘌沃、飘划等。1983年版《江苏省泰兴县地名录》"蒋华公社地名标准名称"栏中有一"飘划镇"，备注栏内注明"原为夹江渡口，商船、渔船经常飘划到此，故名。"吕耕樵先生觉得此说有咬嚼，便走访了当地一位 80 多岁的老人。老人说，不少人过去把蒋华镇叫飘划镇，其实，不是蒋华桥街上，而是镇西南三四里处有个很小的庄子叫飘划镇。当年，这里紧临江边，常常有举家逃荒的人在这里落脚，挨家乞讨，一有吃食总是狼吞虎咽，急急忙忙把肚子填饱。之后，有的人家继续飘划到别处求生，有的人家则留下来帮当地人打长工、短工，图口饭吃，有个蹲身之处。久而久之，就有不少人家定居在这个小庄上。但是，他们的吃相一时难以改变，总是十分"强捞"，由此，乡人就把这些飘船划桨过来的人吃饭的样子叫"飘划"，后人遂称这个小庄为"飘划镇"。本邑曲霞镇"花枝圩"村是由当年临江的"花子圩"改称的，是否与"飘划镇"同出一辙呢？

拼死吃河豚：喻为了获取某种利益而不惜冒极大的风险。河豚是长江中下游的特种水产品，有毒，烹饪前务必把有毒部位全部清洗干净，煮熟煮透。其味极美，美到"一家煮河豚，全庄闻到香"。据说，通常情况下，主家煮河豚是不会主动邀请客人来吃的，最多告知即可，生怕万一。还有，河豚煮好以后厨师要先尝一下，过一定时间后确认没有问题，方可上桌。

奤话：大话；不正经的话；闲话；虚话。奤，读若"抛"，虚大。乡人骂人语"大卵奤"。

蒲棒头：香蒲的花穗，黄褐色，状如棒子，可入药，有止血功能。香蒲是一种水生、多年生、野生植物，旧时本邑境内的河边常常有许多的香蒲生长，每到秋季香蒲的花穗成熟时，乡人就到河边采择些回家备用。

【Q】

期朝：指望有朝一日，即将来、以后、下一次。

雀盲眼：通指色盲的人。盲，此处读若"朦"。

取便：犹随便、无拘束。这也是泰兴方言里使用频率较高的词语。例《红楼梦》第 62 回"大家也有坐的，也有立的，各自取便，说笑不一"。

圊泥：带有黏性的青黑色泥土，做砖用泥。圊，乡音若"庆"。

清汤寡水：谓菜肴清淡，没有或少有油水。

【R】

日中：中午前后；午饭的代称。例"快到日中了，他该到城里了"；"恁就在伲吃日中"。

然是的：正是这样。然者，这样也。

如气：适宜可人的语气或脾气。如，取"适合"之意。例"格个女伢儿说话轻言巧语，如气得很"。

入神：对眼前的事物发生浓厚的兴趣而注意力高度集中；形容达到精妙的境地。例"他越说越得劲，大家越听越入神"；"这幅写意画画得很入神"。乡人常喻以神气、风光、有精神、令人羡慕的样子。

入乎其神：即入神，加了"乎""其"，更显泰兴人的"文"味儿。

【S】

山车：手推独轮小车。全木榫卯结构，中间有高出的格栅隆起，用以遮挡车轮，状似山顶，故名"山车"。曾为乡间主要的农用运输工具，现已少见。车，乡音读若"叉"。

上人：长辈。长者为上。一个"上"字，涵盖了父系、母系里所有的长辈，包括父、母、爷、奶、叔、伯、姑、舅、姨等直系和旁系的长辈，明确了长辈应该被尊重的地位。

哨语：原指军中用的暗语、口令。今称用语言、姿势、眼神等暗示其意为"打哨语"。

哨火：民俗，在野旷处、空地上，以干草点燃的火。旧时，元宵节期间，乡人手持点燃的旧扫帚、旧洗锅把儿，在空旷处舞动，叫"舞哨火"，据说，"舞哨火"可保全年不腰疼。哨火也用于战争中传递信息，在烽火台上燃起哨火报告敌情。

赦数：分寸；规矩；规格。赦，缘于赦免，必须有分寸和规矩。

折耗：物品或商品在制造、运输、保管等过程中造成数量上的损失。折（shé），亏损，方言读若"习"。

神气咽咽：谓精神饱满；自以为优越而得意或傲慢。用公鸡"咽咽"的打鸣声来形容神气的样子，确切而生动。

参商：参（shēn）和商都是二十八宿之一，参星在西，商星在东，彼此出没，永不相见。比喻亲友不能会面，也比喻彼此不和睦，经常斗嘴，甚至吵架。例"兄弟参商"，"参商之阔"。

三棱不角：也说三棱八角，本指极不规则的物体，借指难以相处，经常与人意见相左、容易吵架的人。

是凡：凡是。

斯文：谓文雅；亦指代文化或文人。例"他说话挺斯文的"，"敬重斯文"，"斯文扫地"。斯，另有代这、此、这个、这里之用。如"生于斯，长于斯"，"斯时"，"天将降大任于斯人也"。

四胡：四弦胡琴。今不多见，常见的是二胡。

伤德：又叫丧德、丧阴德，意为缺乏起码的道德良心，常做昧心事。例"恁做格桩伤德事，怎么不怕雷神菩萨打头？"

修锅锔碗：修补有砂眼或璺的锅、裂璺的碗。这种行当现已几乎绝迹。

送夏：乡俗，指端午前夕，娘家要为新婚女儿、女婿送夏令用品，如夏衣、洋伞、蒲扇、凉帽、凉席、凉楄，还有粽子等。俗称"送端午礼"。

笋鸡：未啼的小公鸡。旧时，农家一般在开春时节捉刚孵出的小鸡，长到几个月后开始有点吃头，肉质很嫩、味道很鲜美，如果再配上新出来的春笋，可谓一道绝佳的时令小炒。所以，又可将"笋鸡"解释为"嫩得像刚出土的春笋一样的小鸡"。

身量：身体的高、矮、胖、瘦。一个"量"字，把决定体量的因子高矮胖瘦全部包容进来了。身量,也指身材。

水烟袋子:铜制吸烟丝用具。烟丝中的有害成分经过水烟袋过滤一下可以减少许多。旧时,香烟极少,农家男性多吸烟丝,有的人用旱烟杆子,有的人用水烟袋子。每有会吸烟的邻居来,主人就拿出水烟袋来接待客人。几个人就着一支水烟袋,我传到你,你传到他,他吸了几口再传到我,边吸边聊,边聊边吸,再加上吸烟时发出的咕噜咕噜的声音,亲和而温馨。乡谚中还有一则吸水烟的顺口溜:"山高路天通,孔明借东风,曹操用水计,周瑜用火攻",还挺有意思的。旧时,一般的人用黄铜水烟袋子,有身份的人对水烟袋子十分讲究,多用白铜制品,赛过银子亮铮;高高的水管,像凤尾一样亭亭玉立。20 世纪 90 年代后期,我在地摊上淘得一支广东产"赛得银"牌水烟袋子,品相尚好,时值 30 元人民币。

【T】

太斧:斧头,斧子。太,古作"大"用,读若"胎",故亦可谓大斧子。

太岁头上动土:太岁为太岁之神。古人认为,凡太岁所在的方位或相反的方位,均不可兴造、移徙或嫁娶、运行,犯者必凶。后称凶悍强暴者为"太岁"。太岁头上动土,比喻触犯凶悍强暴的人。

太家:大家。家,乡音若"嘎"。

调直:把某人或器物调整直顺;有条里;好,上规矩。

例"格根檠子(旧时手摇纺车上纱槌中间的铁条)有点走线,请恁帮我调直它"。又例"格个伢儿从小儿就调直"。

庹把长:成人左右两臂伸直的长度,约 5 尺。

头上来:开始,刚开始。头,作"开头"讲。

头二十斤:一二十斤,约数。头,作"一"讲。

投口:合口味。

听蟹:听声音判定螃蟹的嫩、老、大、小和方位。深秋以后,多刮西北风,成熟了的螃蟹常常爬出水面,发出吱吱声。有经验的人,夜间就凭听这种吱吱的声音来捕捉螃蟹。

脱衣剥裳:脱去衣服。裳,古指遮被下体的衣裙,今和衣组合,通称衣服。

调樯:樯,帆船挂风帆的桅杆。调樯,本指船舵手调整、改变行船的方向,借喻人突然改变主意,与原打算相左。

【W】

佤:我。源自吴语,泰兴方言中代表性词语之一,和"恁"一样,使用频率极高。

完粮:交纳钱粮(税赋)。

亡人汤:家属、亲友送葬后回到死者家中要喝的一碗豆腐汤。喝亡人汤是泰兴民俗。后戏称很薄的、没有多少实质性内容的粥或汤为"亡人汤"。

违拗:违背;有意不依从(上级或长辈的意旨)。拗,不顺、不顺从。

委实:确实;实在。

温吞水：不冷不热的水；喻言词不爽快，不着边际；喻事情进展没有到达预定的程度。例"他说话一向斯文，像温吞水似的"，"格桩事还不曾到火候，才是温吞水"。

无根无绊：没有依据。

五流四散：无序地向四面八方散去。

忤逆：不孝顺。忤，意同逆，不顺从。

忤作子：乡人喻胆大心狠、敢做敢当的人。忤作，旧时专司验尸的人的称谓。

万后朝：大后天。

五张头锅子：旧时，铁锅以"张"作为量词确定大小，最小的锅子是三张头，口径一尺二寸左右，最大的锅有十三张的，农家日常用锅以五张头、七张头居多。

吾儿禄山：谓言行不轨，常搞阴谋诡计；也指男女之间偷欢、苟合之类的不正当关系。传说唐玄宗与贵妃杨玉环认塞外胡人安禄山为干儿子，因而安禄山能自由进出内宫。一日，杨贵妃与安禄山在华清池同浴，那时，母子同浴无忌。因水气较大，视物不清，玄宗见有两人，问曰："此何人也？"杨曰："吾儿禄山。"后来，杨与安勾结成患，酿出"安史之乱"，使唐一蹶不振。由是，"吾儿禄山"便成了男女暗苟、败事肇祸的代名词。

潝：写字、画画时，因墨汁、墨水含水量过大，纸面水渍四染，称之为潝。

【X】

写口谕：旧时俗，男女双方定亲的程序之一。口谕，实是一种书面文书，将女方的生辰八字写在纸上。为图吉利，字数必须成双，并以红纸包起来，由媒人交男方合婚用。

息胎：母腹中已经死亡的胎儿。喻某某没有出息，骂人语。

洗三：旧时民俗，女儿出嫁后生养小孩的第三天，娘家要派人去为婴儿洗澡，并带上预备婴儿穿的小毛衫等衣物。

细描：谓小心，不能大意，犹如画工那样细心描画。例"格只花瓶是个古董，恁要特别细描着拿"。描，此处读若"貌"。

下三步：也作"下山步"。喻开始失势，走下坡路。例"布厂前几年很哄，今年以来开始往下三步走了"。

香期：也作"香地"。指集场，庙会。据说是缘于祭祀土地神而设。古时候人们把祭祀土地神的活动称为"社"。过去，不管村庄大小，都有一座土地庙，庙里供奉着土地神。土地神尽管过着"风扫地，月点灯"的日子，但是，乡民们对他恭敬有加，逢年过节，甚至农历每月的初一、月半，都要到庙上去敬香、点烛，祈求土地老儿保一家平安。大庄上的土地庙一般都建得很考究，有的还为土地神塑金，为土地庙绘彩。还有不少的乡贤、富户为了表示对神的敬意和显示他们的仁德，出面约定吉日，延请高僧、大戏班、小戏班(木偶戏班)、杂耍班子,在庄上举办大型的佛事活动和义演等娱乐活动,吸引远亲近邻来共同参与。这个约定吉日便称为"香期",举办香期的村庄叫"香地"。有的香期不只是一天,而是前后三天。因为在香期人流量特别大,远近许多商贩不失时机,带足时令商品赶来交易,所以又把香期叫"集场""香场"。香期一般在开春以后、麦收以前举办,风和日丽,桃花红、杏花白、菜花黄、麦苗儿绿,又恰是春游好时节。商贩们的商品多为农村生产、生活资料,如大扫帚(扫晒场用,茅竹枝条制成)、窝箕(囤粮用,芦柴制成)、凉篷、镰刀、锄头、钉耙等农用品,洋袜、毛巾、铁锅、竹筷、瓷碗等生活用品,自然还有小孩子吃的烧饼、麻花、京酱蹄、荸荠串、棒棒糖、炒米花等平时难得吃到的小吃,有的大人常把带小孩上香场当成对伢儿的奖励。香期庄上的人家常常邀请亲戚来逛香场,以示主人客道之举。就连平时不大出门的大姑娘、小媳妇,赶香期不受约束,她们像放赦一样,打扮得清清爽爽,出来见见世面。整个香场人头攒动,摩肩接踵,热气腾腾,生机盎然。从一定意义上说,香场实际上变为乡村定期的物资交流场所和乡民娱乐场所。据吕耕樵先生书载,邑内有不少香期还有独特的纪念意义。如每年农历六月十九县城庆云寺香期,是为纪念观世音成道;四月二十八日黄桥路庄香期,是为纪念药王菩萨生日;十月十三曲霞镇陈公堂香期,是为纪念明崇祯年间靖江知县陈涵辉协调靖泰边界民间纠纷作出了贡献而设;三月十三黄桥镇余家庄香期,是为纪念火烧震东市(今横巷)的义举领导人余学善而设的。另外,古溪镇先前有一个大庙,叫东方寺,据说寺里供奉着封神演义里的东岳守护神黄飞虎,每年有三个香期:二月初八、三月二十八、四月初八。原东方寺早已不存,今人在镇东首择址新建了东方寺,以使香火延续。再有,广陵宁界禅师殿香期二月初八,张桥香期十月初八等。现今,散落在乡间的土地庙、禅师殿等已经不存,但是,到时举办香期的民俗多数被沿袭了下来,实在是一件好事。

小日中:将近中午的时候。《水浒传》第 56 回"在我店里歇了一夜,直睡到今日小日中,方才去了"。

小不可太算:再小的账也不可不算,日积月累起来就大了。犹如乡谚"一天省一把,三年买匹马"。这里"太"作"大"讲。

小华:长辈对晚辈的昵称。"华",可能是"孩"和"娃"的切音,这样理解有点道理。

兴时:赶时髦。

秀顶:《说文通训定声》载"苏俗老而秃顶曰秀顶"。

夏布:用苎麻纤维织成的布。夏布牢实、透气、凉爽,经汗渍后含水量少,不粘身,很容易干,适宜做夏衣,故叫夏布。旧时的夏布是纯手工制作,特别费时、费工。先将苎麻砟好、捆好,放置附近的小沟河里沤泡,到时捞出取其皮,再用刮刀(刮麻的专用刀)刮成麻片,凉晒干,然后将麻片片成麻丝,捻成纱,最后,请机匠用土布机织成夏布。女儿出嫁时,一项夏布帐子是必备的嫁妆。今时,夏布已成古董,弥足珍藏。

粞子粥:大麦粉或元麦粉煮成的稀粥。旧时,有条件的人家再添加些大米,叫"米搅锅粞子粥"。粞子粥是泰兴人不可或缺的主食,今戏称之为"土咖啡""土啤酒"。因为如果在煮粞子粥时添加一点点食碱,粞子粥会变成类似淡咖啡红的颜色,非常顺眼,夏天天热时喝上一碗薄薄的凉粞子粥,那叫个"爽"!至今,长期客居在大城市的泰兴人,仍然保留着吃粞子粥的习惯,并常常要乡人从老家带些粞子到城里,供日常食用。有谚语云:"粞子粥,米搅锅,肚子吃得着地拖。"

【丫】

一当:稳当。一,始终如初,从一而终。例"老马办事一当,恁放心"。当,此处读第四声。

一退六二五:原指一句珠算除法口诀。旧制 16 两为 1 斤,1 两等于 0.0625 斤,故有"一退六二五"。"退"和"推"是谐音,因又称"一推六二五"。借指把责任推卸干净。

一次挨二:次,次第,次序;挨,紧靠,相连。一次挨二,喻遍地皆是(某物),密度很高。例"格块田里的杂草很多,一次挨二的,要花大工夫才能清除掉"。

一搭刮子:全部、总共、所有的。

引线:缝衣针。本方言是从其功能而形象地把缝衣针称为引线。还可以引申为做媒介的人或物,例"我们队伍里可能有敌人的引线,大家说话、做事要特别小心","炸药的引线一定要安放好,保证万无一失"。

硬铮:刚强,顶得住。铮,铁骨铮铮之义。

用水:洗脚、洗屁股的雅称,隐饰语,多用于女性。

有数目:心中有数。

有斤两:有一定分量。这里,用"斤"和"两"常用量词指代相当的分量,雅俗兼之。

约莫:估计,大概。例"佤家里有多少钱,能办多大的事,心里一定要有个大约莫"。

饮汤:没有米粒的米汤。"饮"字有文气。

雨落涝涝:雨水不断的样子。涝涝,连续下雨,积水成涝。

阴德:乡人谓人在世间做的而在阴间可以记录的功德。虽是迷信之语,但以此劝人做好事、积阴德未尝不是一件好事。也有"荫德"一说,指先辈积下的德泽。在封建社会,由于父辈或祖辈有功而赐予子孙入学或任职的权利,就谓"荫德"。荫,荫庇之意,先辈积下的德泽像树荫一样庇护子孙。

【Z】

这:指示代词,乡音读若"格",使用频率极高。例"格歇个",即"这时候"。"格个杲昃不是好东西",骂人语,即"这个人不是好人"。

栽害：诬陷。人为地栽植祸害。形象、简洁。

择（zhái）菜：去除蔬菜中不可食用部分。

斋孤：民俗，焚烧纸钱施舍给孤魂野鬼。斋，施舍。每年农历七月的最后一天的傍晚，乡人都要买些纸、箔之类的冥品，到河边、桥头、井旁、岔路口等小孩经常出没且容易出事故的地方，祭烧孤魂野鬼，祈求他们在阴间保佑孩子们平安无事。现今，孩子们特别金贵，每到斋孤之日，年轻的妈妈们、年老的爷爷奶奶们对此事尤其上心，不少人骑辆电动车，或蹭上三轮车，把孩子们可能要去的地方都祭烧个遍。

招报：招惹报应。

照会：告诉，告知。照会也是国与国之间的外交用语。乡人也作"嘱咐"用。

子午：南北。古人以"子"为正北，"午"为正南，子午相背。乡人喻很不团结，经常闹矛盾，与"参商"来源相同。例"他们二人子午相冲，向来不和"。

注口：也称注扣，漏斗。以用途和形状而起名。

箸笼：放筷子的笼子。古人称筷子为"箸"。

跩文：说话爱用书面语或文言词，以显示有学问；假客气。跩，慢慢地、不灵活地走动。

装佯：做假、假装。例"狗头上长角，装羊（佯）"。

奘：读若上声的"壮"，粗而大。乡人形容某人发胖、发财、升官等谓"发奘"，也形容某人说话粗鲁、态度生硬。

例"他说话可謷了,动不动就发脾气"。

謷执:十分固执;过于深究。謷,多余,讲究到了多余的程度。

拙痞:笨拙,不灵巧。也作"拙皮"。

抓周:旧俗婴儿周岁那天,父母陈列笔、蛋、小玩具之类的器件,让宝宝随意抓拿,以此预测其未来的志趣和成就。

走线:线条偏离了规定的标准。例"那条缝有点儿走线"。方言生动、准确。

作凳:又称斫凳,木匠用的既长又宽且厚的木凳。

作而不作:指落实与不落实、办与不办两可之间,谓事情成功与否尚无定论。

作屑:碎末。乡人常把加工食品、制作家具时的边角废料称"作屑"。

张媒人:请媒人。张,有"张罗"之意。例"格个事恁不服,恁去张人家来评评理"。

自鸣钟:能自动报时的钟。

皂角:即皂荚,皂荚树的果实。皂荚树,落叶乔木,枝干上有刺,乡人称刺为"针柴"。结荚,近黑色,形扁长,状如牛、羊角,因名曰"皂角",皂,黑色。皂荚可以去污,乡人常用以洗衣物,纯天然。余以为"肥皂"之"皂"亦或缘于此。泰兴方言就是如此通俗而又考究。另外,皂荚、树皮、树刺均可入药,有祛痰功能。

笓耙:掗(wǎ)草用的竹制工具。其耙头类似人的手掌。

四、俗语谚语

俗语，通俗并广泛流行的定型的语句，简洁而形象化，大多数是劳动人民创造出来的，反映人民的生活经验和愿望，如"天下无难事，只怕有心人"等。

俗语是固定的词组，只能整体应用，不能随意变动其中成分，并且往往不能按照一般的构词法来分析，如慢条斯理、无精打采、不尴不尬、乱七八糟、八九不离十等。

谚语，在民间流传的固定语句，用简单通俗的话反映出深刻的道理，如"风后暖，雪后寒"，"三个臭皮匠，赛过诸葛亮"，"三百六十行，行行出状元"等。

泰兴方言是有咬嚼、有讲究的，泰兴地区的俗语、谚语也是丰富多样的。它们通俗易懂，简洁而形象，且有定型的语句，世世代代在乡间广为流传。有的反映了人民的生活经验和美好愿望，有的富含科学道理，有的哲理性、艺术性较强。它们绝大多数是劳动人民创造出来的，是乡人在长期生产、生活和斗争中淀积下来的宝贵财富。

在玩味泰兴方言的"文气"之余，顺便收录部分俗语、谚语。俗语、谚语的编排仍以汉字转写时第一个字母顺序为序，以便查阅。

【B】

不怕不识字，就怕不识事。谓一个人不识字或识字少不可怕,可怕的是不懂事理。这就是成人和成才的关系,首先要成人,第二位的才是成才。

不懂装懂,一世饭桶。不懂装懂的人,终身不可能有什么成就。

病从口入,祸从口出。饮食要讲究卫生,预防疾病;出言吐语要谨慎,以免招惹是非。

棒打出孝子,惯养忤逆儿。对孩子的教育要严格,不能娇生惯养,否则,子女不能成人。"棒打"言其严格,不只是指体罚。

不上规矩,不成方圆。规和矩,是指木工用的圆规和角尺,用圆规画圆,用角尺画方,才能成方圆。引申为为人处事都要按一定的规矩办。

【C】

寸麦吃尺水,尺麦怕寸水。农谚,谓在冬前麦苗小的时候不怕潮湿,而且土壤还需要保持一定的湿度,防止因干冻而伤害幼苗。到了春天,麦苗拔节、抽穗之后就不能受渍。因为那时田间通风透气条件远不如冬前,一旦受渍,麦子的根部容易糜烂而使之倒伏、枯萎,而且容易滋生病虫害。

初八、廿三半夜月。指农历每到初八半夜时分,月亮落去;到每月二十三日半夜时分,则月亮刚刚升起。旧时,农家少有时钟计时,往往凭类似谚语来判断时间。又有谚语"初八、廿三,潮不上滩",正说明潮汐现象与月亮有密切联系。

重田花生没得剥,重田芋头一层壳。重音 chóng。农谚,指种田要适当换茬,否则,容易歉收。每一种农作物,都有它所需的营养谱和它所受到的病虫害谱。如果不适时换茬,在同一块田里连续种植同一种农作物,农作物容易发生营养不良和病虫害泛滥,致使歉收或无收。特别在旧时,邑内旱谷作物为主,农药、化肥又尚未普及,农民种地全靠经验和老天帮忙,尤其需要适时、适当换茬。

【D】

大麦灌浆,催人栽秧。农谚,指大麦开始灌浆、邻近成熟之际,就要做好栽秧的准备工作。

冬至一阳生。气象谚语,谓冬至以后,白天渐长。有俗语云:"过了冬,长一钟;过了年,长一弦。"也有"过了冬,长一弓;过了年,长一弦"的说法。这种说法似乎更有道理。乡人称弓形的拱高为"弓高",弓,指"弓高",弓高远短于弦长。

冬壅金,春壅银,过了清明不值钱。农谚,指对农作物施肥要把握时机,才能保证应有的肥效。冬施肥,可促进麦苗分蘖,增强对寒冷的抵御能力。春施肥,促进麦苗返青。"清明到,麦叫叫",清明以后,麦子进入拔节、抽穗、灌浆期,如再施肥,容易使麦苗疯长,不仅会延迟成熟期,而且容易倒伏、滋生病虫害。

丁是丁,卯是卯。喻两类不同的事物,要严格区分,不可含糊。丁,天干的第四位;卯,地支的第四位,这两个都是第四位,但是不可混为一谈,一个属于天干,一个属于地支。天干,又称"十干",甲、乙、丙、丁、戊、己、庚、辛、壬、癸的统称。地支,又称"十二支",子、丑、寅、卯、辰、巳、午、未、申、酉、戌、亥的统称。干支,天干和地支的合称。拿十干和十二支相配,共配成六十组,用来表示年、月、日的次序,周而复始,循环使用。干支最初是用来纪日的,后来多用来纪年,现农历的年份仍用干支纪。

钉是钉,铆是铆。喻人说话、办事靠实。钉和铆都是连接器物的金属紧固件,各有各的作用,但都是为了使器物连接紧实。

单丝不成线,独木不成林。喻团结就是力量。

地下出汗,雨后才干。气象谚语,谓地面、墙壁转潮,是空气湿度大,天要下雨的先兆。

读书不想,隔靴抓痒。意指读书要动脑筋思考,口儿诵,心里想,才能领会其意。否则,有口无心,犹如隔着靴子抓痒,无济于事。

东西南北风,来去好扯篷。本指帆船行驶过程中,无论遇到什么风向,都可以扯篷,可正可侧,视风势而随时调整。也喻一个人应变能力强,游刃自如。

当家人,恶水缸。谓当家人度量要大,要像泔水缸一样,好坏都能包容下来。

【G】

高不过西洋庄,低不过钱家荡。谓泰兴东乡地势,黄

桥南西洋庄最高,高程 7 米左右,横垛钱家荡最低,高程 3
米左右。

高不过张家桥,低不过戴家窑。指泰兴西乡地势,县
城南门外张家桥最高,戴家窑最低。

鼓楼街的麻雀儿,经过阵中阵。喻经过多次的磨炼摔
打,具有丰富的实践经验和应变能力。鼓楼街是本邑县城
里的东西南北主街道,车水马龙,人声鼎沸,街上的麻雀儿
胆大不怕人。

【H】

好话一句三冬暖,恶语半字六月寒。意为出言吐语要
与人为善,以防伤人。

旱芝麻,水绿豆。农谚,指芝麻喜旱不喜雨,绿豆喜雨
不喜旱。所以,农家一般把芝麻种在十边隙地和沟坎等灌
溉不便的地方。

【J】

积谷防荒,养儿防老。意为储备粮食以防荒年,养育
儿女以便养老。也喻办事、做人要有远见,有备无患。

九月里南风两天半,十月里南风等不到暗。气象谚语,
意指深秋季节,如果刮起南风来,预兆天要下雨。

【L】

邻舍家好,赛金宝。言邻居之间要和睦相处,互帮互
让,比金银财宝还可贵。

卤水点豆腐,一物降一物。谓豆浆加入适量的卤水会

很快变成豆花,再压制成豆腐。常常用来比喻要做好一件事,方法要得当,一把钥匙开一把锁。

立夏两边豆。农谚,指立夏时节前后,栽瓜种豆。

立夏十,当头勒。农谚,谓立夏以后时间不长,麦子就要成熟了,要做好收割的各项准备工作。还指在旧社会,许多农户常常在青黄不接之时,迎来了立夏,指望再过十天,就可以到田里去勒将熟还青的麦穗,用石磨磨成麦浆,糊口度命,乡人谓之"赶青"。带青色的麦浆从石磨的齿缝里流出来,一棱一棱的,乡人又谓之"磨正棱"。

立冬种晚麦,小雪住犁耙。农谚,指立冬时种麦已经晚了,到了小雪季节就不可以再种了。

【M】

满瓶摇不响,半瓶响叮当。喻有学问、有涵养的人谦虚谨慎、不喜张扬;而一知半解、缺乏修养的人往往容易装腔作势,抛头露面。

麦老要抢,稻老要养。农谚,谓收麦子要抢,因为麦粒的外面只有一层薄薄的颖衣,一旦遭遇雨淋容易受潮、发霉,而麦收季节恰恰又是雨季,所以要抢时间收割;稻子成熟期在秋季,天高气爽,雨量较少,且稻粒外面有一层厚厚的、带毛绒的硬壳,不容易受潮,所以,稻子成熟期可以不急忙抢收,让其在田里再养养,使米粒更饱满。

蚂蚁搬家,大雨要下。气象谚语,谓如果蚂蚁成群结队地从洞里出来,预示天将要下大雨。因为将下大雨之前,空气湿度大,气压低,蚂蚁在洞里闷热难忍,故要举家迁徙,确保安全。

【N】

牛不知力大,人不知己过。谓人往往不容易知道自己的过错,正如牛不知道自己的力气有多大一样。

南坝桥牛角瓜,北关桥牛说话。南坝桥、北关桥是本邑黄桥镇的两座桥,南北相距不过三里。喻传言容易走样、变味,不要轻易相信。

【Q】

穷锅门,富水缸。乡人防火俗语,意为锅门口要清爽,水缸要储满水,以防万一。

【R】

人情留一线,日后好相见。喻人与人之间的交往要尽可能留一些情面,哪怕是留有一线情面,日后总会有相见的机会。

人情无厚薄,只要不漏落。指人与人之间的交情不应以金钱多少论厚薄,只要不忘记相互间有一层交情就好。一说"人情不记多少钱,只要来往不断线",意思相同。

人要长交,账要短结。谓人与人相处要持久,但相互的经济往来要清楚明白,及时结清,时间长了,容易产生误会和矛盾。

【S】

十瓜九不圆。喻人或事物不可能都是完美无缺的,金无足赤,人无完人。

少不离乡是废人,老不离乡是福人。谓年轻人要敢于外出闯荡,成就一番事业;时至年老,则应叶落归根,回家享福,颐养天年。

三世修不到城旮旯。城旮旯,即城郊。旧时,城乡差别较大,城郊的区位优势明显,信息灵通,就业机会多,生活相对优裕。能住在城郊,是三世难修到的福分。时至今日,城郊日渐被城市扩容所挤占,拆迁之利使郊区的居民收到丰厚的拆迁补偿款,城旮旯更是变成了"金旮旯"。

上天宣好事,下界保平安。旧时,农家都在灶台处砌一个灶神神龛,两边的对联就是"上天言好事,下界保平安",以祈求灶神保佑全家全年平安无事。

柿树不收税。乡人传说本邑有一个叫季三嗒子的人,是驸马爷。一次进京用柿子进贡皇上,皇上食后觉得其味鲜美,要他下次多带些。季三回说因收税太重,柿树太少,不可多得。皇上口谕:"柿树不收税。"季三当即谢主隆恩,三呼万岁。当时,乡间凡栽树都要收税,"柿"和"是"同音,"柿树不把税"被乡人故意称作"是树不把税"。季三为乡人做了一件好事。关于季三的传说还有一件好事:过去,民间建房有严格的规制,檐高、进深不可随意。一次,季三爬着去觐见皇上,皇上因问何故。季称老家的房檐太矮,习惯了。皇上当即口谕:泰兴的民房建制可以放宽一些。事实上,旧时泰兴的民房多为七架梁,而周边姜堰、如皋等地的民房则多为五架梁。

霜降小麦好穿针。农谚,指到了霜降时节,小麦刚刚萌芽出土,细嫩的麦叶细到可以穿过针孔,玲珑可爱。

【T】

泰兴一城不如黄桥一镇,黄桥一镇不如横巷一村。据说,民国年间,黄桥南七八里路有一个庄叫横巷,庄上有黄颐寿等"八大家",黄颐寿还是国民政府议员,集权势于一身。黄桥则是本县东部地区的交通枢纽和经济、文化中心,泰兴的猪、油、酒、姜堰、白米的粮食,如皋、靖江的棉花等农副产品多在黄桥集散,因此商贾云集,富户甚多。所以就有"泰兴一城不如黄桥一镇,黄桥一镇不如横巷一村"之说。

【W】

无业不遮身。没有一个相对稳定的职业,生活甚至生存就会发生困难。又指一个人要重视学习和掌握职业技术,学一门手艺,才能有饭吃。乡人有俗语"荒年成饿不死手艺人",是很有道理的,也是很有现实意义的。当今,一些年轻人瞧不起普通劳动者,眼高手低,好高骛远,大事做不来,小事又不做,整天无所事事,甚至安心于啃老,这与当今弘扬的工匠精神是格格不入的。

【X】

西风夜息。气象谚语,指秋冬季节,常常刮西北风、偏西风,至傍晚以后,风力会明显减小或停息。另谚语"西风腰里硬"与"西风夜息"是同一意思。

西北风响,蟹脚痒。农谚,指中秋以后西北风刮起的时候,正是稻黄蟹肥季节,螃蟹会自己爬上岸来。

新老大,旧老二,补补纳纳把老三。旧时,一般人家子女多,生活普遍困难,这句俗语是兄弟姐妹相继穿同一件衣服的真实写照。

新三年,旧三年,补补纳纳又三年。含义同上,只是从一个人穿衣的角度来反映出旧时的社会现象。

【Y】

一天省一把(粮),三年买匹马。喻勤俭治家,厉行节约,总会成就一番事业。

要得小儿安,常带三分饥和寒。说要得小孩子平安健康成长,就不要过于宠惯,让他们常常有一点饥寒的感觉,增强适应生活环境的能力。

眼是奸臣,手是忠臣。意为一事当前,掸眼一看,感到很难,甚至畏缩不前。而真正动起手来,一点一点地去做,一步一步地去接近目标,终会成功到达终点。还有"人怕动口,事怕动手",也是说凡事要动手实践的重要性,只说不做是不行的。

一块篱笆三根桩,一个好汉三个帮。喻一个人的生存、生活和发展,离不开周围的人帮衬。

【Z】

早起三光,晏起三荒。谓早些起床,时间充裕,一天的活计可以忙得干干净净。否则,时间仓促,干活就显得慌乱,甚至会使庄稼荒败。

针尖大的洞,斗大的风。指哪怕只有针尖大的一点点小洞,就会有斗大的一股风灌进来。与"防微杜渐""千里之堤,溃于蚁穴"异曲同工。

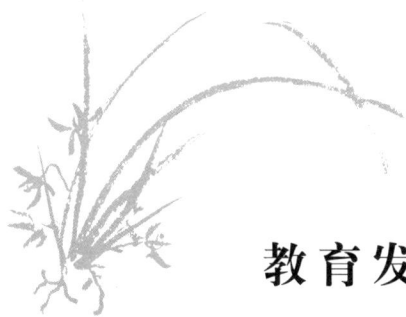

第二辑
教育发展忆旧

我的小学生活
（1948—1954）

　　我的小学生活是在新中国成立前开始的，先后读过鞠山初小、南新初小和严家堡高小。我们那时读书，家长让上就上，老师教啥学啥，能读到什么程度就读到什么程度，顺其自然，没有什么美好而远大的理想，也没有多少让人喜怒哀乐的大事。倒是有些小事是现在的学生不可理解、将来的学生不可想象的，把它们记下来或许有所裨益。

从初小到高小

　　解放时，我家所在的小村庄叫作新街南荡，不过十几户人家，在当时的地图上都没有标出地名，自然也没有小学。所以，我的启蒙是在离家西南二里之外的鞠山初小，属于历史相对较早的鞠家山（村），可能因为村庄地势比周边整体高几十厘米，在苏北大平原就被称为"山"了。

　　所谓初小，是初级小学的简称，学制理论上是四年，毕业了可以获得初小毕业证,但很多初级小学规模很小,只有一二年级,老师也只有一位。鞠山小学就只有一二年级。从大鞠家山村西端跨过一条小河的土坝,就进入一片开阔平坦的泥地,那是鞠山小学的操场。再向西有南北两排各三四间平房,就是全部的校舍了。我们那时唯一的老师是鞠大生。

三年级,我转到了离家北面二里之外的南新初小。"南新街",顾名思义是新形成的街市,在民国初年地图上未见其名,但因有连接南北乡道的跨河桥梁而水陆交汇,至解放时已发展成为"南新街",且是南新乡政府驻地。由于南新街历史较短,虽已成为乡级行政和经济中心,但依然只有初小,连校舍都是借用街上李扣三家的一间空屋,屋内有四个年级,每个年级大约 10 名学生,分成一三年级和二四年级两个复式班轮番上课,老师是周毓俊,依然只有一位。

到了五六年级,我再转到离家五里多的严家堡小学读高小。高小是五六年级的高(年)级小学的简称,学生毕业后可以取得高小毕业证,并参加初中入学考试。严家堡是历史较早、规模和人口较多的大村(堡的规模一般大于庄和村),因而严家堡小学既有初小,又有高小,是一所完全小学。校舍规模较大,老师也比较多。我就读期间,校长先后是严襄臣和叶明儒,老师有周明治、周美学、周建基等。

80 年代,我的儿子也曾先后就读于鞠山小学(此时已成为完全小学)、南新乡中心小学(即原南新初小)。

2000 年后,鞠山小学和严家堡小学相继撤销,仅有南新初小延续至今(更名为泰兴市新街镇南新小学)。初小、高小现在已经成为历史,但其功绩不可抹杀。

初小数量众多,设于每个较大的村庄,多数的男孩和小部分女孩可以学完一二年级,为解放初期农村识字教育发挥了基础作用。

高小设在中心村镇,是农村孩子进入初高中直至大学的必经之路,可谓是乡村教育的摇篮。我是 1948—1954 年夏就读于上述三个小学,我的女儿、儿子也在七八十年代先后就读于鞠山小学、南新乡中心小学,都是从乡村小学走出来的。

还有一个有趣但令人心酸的故事,我读鞠山小学时是要从家里自带板凳的,开学带去,放假带回,直到我儿子读鞠山小学时依旧如此。我的老伴当时也在鞠山小学读完一二年级,成绩非常好,但到三年级时家里因为经济困难不让再读,她哭着把板凳搬到学校,又被迫搬回家,自此失去了上学的机会,现在想来依然惋惜。

男孩女孩都能保证读完初中,真是了不起的进步。2000 年后,因为计划生育,学龄儿童数量减少,又为了集约、优化教育资源布点,包括鞠山、严家堡在内的很多乡村小学被撤并,转而大力发展乡镇中心小学,这总体上是个好事,但也带来了往返接送的精力消耗以及交通拥挤和安全问题,可谓时代总体在进步,但每个时代都有需要解决的问题。

学生压力不大

那时的学生,思想单纯,多数人没有什么理想抱负。家长也是一样,不像现在的家长都要给孩子预先设定一个奋斗目标和成长轨迹,甚至要按照家长的模式去全方位塑造孩子。于是,名目繁多的课外辅导,没完没了的额外作业,价位不低的各种收费,结果是孩子和家长都搞得疲于应付,精神、精力和经济上压力都很大。

"绝不让孩子输在起跑线上"是现代家长的一句经典名言,这在那时的家长想都想不出来。那时的家长绝大多数不识多少字,不过问,也问不了孩子的学习,老师们也是严格按照政府规定的教材和大纲教学的,根本没有什么五花八门的辅导书籍。

我的书包就是一块蓝色的印花方布,只有语文、算术两本书和它们的作业本。打包好了往腰间一束,既轻松,又似乎有点威武感。

后来,我从事过多年教育工作,但面对现在的教学现状,真不知让孩子过一个快乐的童年好呢,还是当"虎爸虎妈"好呢。我主张前者。大千世界,需要多维的人才,"大石头离开小石头是不能砌墙的"。作为家长或者父母,何苦逼着孩子学这学那，将来成龙成凤呢？三百六十行，行行出状元！

当然，这只是理论上的，社会实际要复杂得多，甚至是要残酷得多，需要全社会共同努力，才能有效地减轻孩子的负担和压力。尤其是政府主管教育的部门，要切实地真心实意地为老百姓和孩子们着想，推进教育公平，在校内开展丰富多彩的课外活动，让孩子轻松而快乐地学习和生活。否则，下午三点多钟就放学，家长势必要拖着孩子奔东奔西，学这学那。

难怪有家长气愤地说，学校与社会办学狼狈为奸。这种话当然不妥，治理学生负担是一个复杂的系统工程，不是一两句气话就能解决问题的。

学习条件艰苦

每天三顿都要回家吃，尤其是读高小时，一天来回四趟要走二十多里路，都是用短短的小腿一步一步量出来的，足足要花三个半小时，背书的时间全在路上。

到了冬天，中午回来实在来不及，就在热水瓶里放把小米，充上滚开的水背到学校，中午放学后就是两碗小米粥，就着几根酱萝卜，吃得还挺舒服，当时有小米粥吃就算是较好的人家了。

至于文具、纸张等学习用品，更是简单得不能再简单了，一个布做的笔袋子，内有铅笔、毛笔各一支，还有一根用竹片做的小直尺。能有一本白油光纸（30或40克）自订的笔记本就是普通学生的骄傲了。我记得小时候能有一张包旱烟（烟丝）的四四方方的纸,用来做字方儿认字就非常高兴了。如果谁有一支钢笔,真让人羡慕死了。

晚上要学习,只能在灯光如豆的小油灯下看书,前额的头发烧焦,是那时常有的事。我们队里通上电,家家有了电灯是1970年的事,这还算是早的呢,那天夜里,好多人家高兴得打了一夜的牌!

老师地位较高

那时候,全社会文化水平较低,老师在社会上是很有体面的、让人羡慕的人。我记得上三四年级时,只有一位周毓俊老师,复式教学,吃饭则是轮流到学生家里,每学期三到四次。

每次轮到我家时,早上,妈妈让我把早饭带到学校,一大碗汤圆,一双筷子,几根酱萝卜。汤圆的馅儿有时是芝麻糖,有时是豆沙糖,还有时是猪油拌白糖,极少是没有馅儿的实心圆子。那时,这顿早饭是平常人家接待上客才有的。装汤圆的篮子叫"巢箕儿"（泰兴方言）,底部既平且小,状如一个倒置的圆台,又好像鸟巢,所以叫它"巢箕儿",大碗放进去恰巧紧贴篮子周壁,稳稳当当,一点儿也不会外泄,上面再盖上一只空碗,汤圆既不会脏,也不会凉。如果是冬天,则在篮子的周边紧紧地围上一层厚厚的棉褥子,等到了学校,一揭开盖碗,还是热气直冒。我的妈妈对待老师是多么的精心细致、恭敬有加啊!老师每次吃到最后都要留一两个给我吃,说是吃不下,其实是省给我吃的,这是我怎么也忘不了的。

中午和晚上,老师就到家里来吃。通常的菜是肉、蛋、豆制品和蔬菜之类,少数也有鱼虾。主食则是小米饭、面条和摊烧饼等。这等饭菜,现在看来是极其平常的,可在当时我们家是尽了最大的努力,一般亲戚是受不到这种礼遇的。

在当时,初小一般是轮饭制,凡轮流派饭的,都免交或少交学费。高小规模较大,不轮饭,国家专派一名校工为老师们做饭、打杂。老师们平时在学校专心教学,周六或回家或上街。一旦他们走出校门,鞋袜镶身,细皮嫩肉,很容易引人注目和羡慕。要是能骑上一辆钢丝车(自行车),孩子们要稀奇地追上好远好远。

可惜的是,老师们的这种较高的社会地位,随着1957年的反右斗争,到1959年以后的三年困难时期,再到后面的"十年动乱",已经渐渐反转,全社会处于混乱的探索阶段,知识分子被下放到了"臭老九"地位,商、粮、物、供等部门和工厂的工作,逐渐变得"吃香"。再到后来改革开放,国营工厂改制,而基础教育越来越受到国家重视,老师们的社会地位又升上来了,当然,这是后话了。

我的初中生活
（1954—1957）

　　我的初中生活，最难忘的是入学第一天在洪水中撑船去报到的艰难，最得意的是两年"自炊"经历。我所说的自炊，不同于当今城里的孩子们的野炊。野炊是他们为了寻求野外的新鲜，在老师和家长的呵护下，带足面包、蛋糕以及各种饮料，成群结队地、快快乐乐地去郊区散散心、透透气而已。老师们还要孩子们回校后写什么诸如"郊游""野炊"之类的作文、日记等。我的"自炊"则是自初一开始，实实在在地天天自己烧饭自己吃，而且那年我才十三岁！

考取霍庄初级中学

　　一九五四年夏，我小学毕业，考取霍庄初级中学。那时，能考取初中的是少数，我们新街只有四人，还有三个人是朱淑芳、鲁德裕和叶桂兰。

当时，全县只有四所初中，县城有泰兴中学，黄桥有黄桥初中，口岸有口岸初中，只有霍庄初中位居农村，而且在泰兴县与泰县交界处，离泰县的顾高镇只有三里路。霍中的前身是霍职中，是我党创办的一所培养自己的新知识分子的学校，所以选址在两县交界、国民党统治相对薄弱之地。

新街属于泰兴的东北乡，距离霍庄较近，所以我们小学毕业时均报考霍庄初中。

在这之前，我二哥已经从霍中肄业并考取了泰兴简师班。所谓"简师班"，那是因为当时刚刚解放，师资严重缺乏，所以，只经过半年短训就派往泰兴马家庄小学任教。那时他才十六七岁，乡人叫他"小李先生"，时任校长的吴良友对他很关心。

听母亲说，我二哥在霍中读初中时，成绩很好，只是肄业那年春天，父亲去治淮，家里一时拿不出学费。我二哥知情后，就主动去报考了简师，大概是1951年。临上城时，妈妈给了二哥两个铜钱，到城里买点吃的充充饥。谁知等二哥回到家里时，两个铜板仍紧紧地攥在他的手心，似乎还冒着丝丝的热气。多好的二哥啊！那时我们家有两个小小的文化人，在当地也是惹人眼馋的。一般的农家子弟能上几年学，识几个字，认识个倒顺，会写自己的名字就可以了，何况一家两个初中生。

大水中撑船去报到

就在我考取霍中的这年夏季，发了大水。大到何种程度？因为我们当时年龄小，记不得也说不出详细情况。

印象最深的是我到学校报到那天，是大哥用䦆泥船（农用小木船）送我去学校的。沿路上分不清哪里是田、哪里是路、哪里是河，白茫茫的一片。大哥只是朝着东北方向一路撑去，十五里的路程足足用了大半天时间才艰难地到达。

长大了之后，我才知道那年夏天大雨连连，长江决堤，以致泰兴全境汪洋。当时的江堤又低又窄，江边上的老百姓三年就有两年遭受水患，苦不堪言。

如今可不一样了！现在的江堤又高又宽，外坡全用大大小小的石块紧紧敷牢。沿江五十多里的石驳大堤，真可谓固若金汤。不仅如此，江滩开发骤然兴起，有的江滩养殖，有的网箱养鱼，有的种植意杨、杞柳，有的开发桃园、梨园、枇杷园，欣欣向荣。加之堤顶是一级黑色公路，两旁吊车林立、车水马龙，沿江经济开发区内聚集了国内外不少知名化工企业。如今的江堤，已经成了泰兴市的一道靓丽的风景线，不再是过去那样荒凉无人了。

合租房和"缸锅箱"

我是到霍庄初中读书的，学校离家十五里。那时，大部分学生是农家子弟，家里无固定工资收入来源，无条件寄宿在校,只好在校外附近的农家租房自炊。

所谓租房,就是租一块能搁一张简易床铺的地方,每月租金五角钱。我租住的户主叫蒋建国,家中住了四个学生,其余三个是万福寿、王守法、蒋建华,他们和我一样都是自炊,各人都有一个灶。

所谓灶,只是一个叫"缸锅箱"的极其简易的草灶。灶体原先是用大小适宜的沙缸作胚,外面敷上黏土,故称之为"缸锅箱"。后来,常用稻草作筋,涂上黏土,层层垒叠成类鼓状,上口用来支锅,口径视锅的大小而定,如果是"三张头"的锅,口径30多厘米。下口较小,与灶的底座相连。底座呈方形,上面搁块炉条,下面是灰膛和出灰口。在灶体的下腰部、正对出灰口的上面开一个柴门。

别小看这个简易得不能再简的"缸锅箱",技术要求还不少。炉腔的形状和大小要适度,小了窄了,通风不足,草不能充分燃烧,而且容易闷烟、呛人;过空旷了,锅子吊在上边,距离火焰的温度最高处偏远,热效率低。柴门的位置和大小以及灰膛、出灰口大小也要适度,以利于通风给氧。所以,自制缸锅箱,一般请在行的人帮忙,户主往往会为我们准备好,且不要花钱。

自带粮草炊三餐

十三岁的我,每周六回家,当然是步行十五里之多。周日,挑着爸爸妈妈为我准备好的一周的粮草,艰难地走到住处。开始的几周里,脚上每每起了许多水泡,水泡破了以后,疼得连路都不能走。

至于粮草,就是麦粉、青菜、小麦秸秆之类,有时也带点面粉、小米之类。到了秋天,自然有些山芋、芋头、豇豆、扁豆之类。

一日三餐基本上是这样安排的:早上糁子粥,常常加几个糁子疙瘩。有时也加点小米或面疙瘩,以改善生活。中午是"寡酸粥",就是糁子粥里加一点菜蔬,山芋、芋头之类,很少吃几顿"米酸粥",就是小米粥加蔬、芋(这里的小米是指有黏性的小米,我们叫稷米)。晚上则通常吃山芋粥或光粥(即什么都不加的糁子粥)。

面条、摊饼之类是没有本领做了吃的,至于鱼肉大米之类,一般的农家平时很难沾牙,只有过大年或有重要客人来时才会上桌。咳,就这么简朴而单调,那时的生活水平就是这么低下,我们家还算是中等家庭呢。

有一次,我试着学摊烧饼,即类似煎饼的做法。听人人们说,摊烧饼之前要事先在锅子里抹一层香油才不粘锅,然后把锅烧热,倒进事先调好的面糊,再用铲子摊均匀。可是,因为我抹的油太多,面糊粘不上锅,老是往锅心塌,不成功。后来,我一点儿油没有抹,结果是面糊倒是很快就粘锅了,但是上边还没有来得及摊匀,锅心的部分就焦了,锅上边贴锅的一面也焦了,可表面还是白白的、黏糊糊的、生的。真是啼笑皆非,空忙乎了一场。自那以后,我再也不想自己摊什么面饼之类的东西来改善伙食了。

初三寄宿好伙食

时至初三,家里考虑到要毕业了,咬着牙让我寄宿在校。因为当时物价便宜,钱太值钱,每月的伙食费仅有六元六角,间天大荤(鱼肉之类)、小荤(肉丝、蛋制品之类)。我过了一年的快活日子!

尽管如此,现在回想起来,两年的自炊生活应该是我值得骄傲和永远不能忘记的事。

我敬佩的中学老师
（1954—1960）

1954年秋，我考取了霍庄初级中学，1957年秋，我又考取了省泰兴中学高中部，1960年高中毕业。

六年的中学生活，有几十位校长、老师直接教过我们。他们中间，叶复初、傅鸿渐校长，杨元毅、高佩亮、李培恩老师等，比我们大好几十岁，像张冶民、王明泉等老师刚从学校毕业，比我们大不了多少。

但是，不管他们年龄大小，师生之间的关系都非常纯真，老师尽心，学生努力，说他们是园丁，是蜡烛，是人梯，是尊长，都不过分。其中，有几位老师（包括校长）对我的影响特别大，我特别敬佩他们！

霍中傅鸿渐校长

傅鸿渐是我走上工作岗位的第一位校长，时在霍庄初中，也是我在霍庄初中读书时的校长。他对人既和蔼可亲，又严格要求，对自己更是以身作则，为人师表，连周六、周日都是衣冠整齐，到办公室看书学习，从未看到过他闲逛玩乐。

更有幸的是到了 1968 年，我借调到县教材编写组，1973 年我正式调县教育局教研室，再度在傅老手下工作。他精通汉语言文学，诗歌、书法颇有造诣，对我也关心有加，那长者、学者的风度使我敬佩不已，也受益匪浅。

后来，他回淮安老家安度晚年，亲手用毛笔写了一本诗集，有两首专为我写的，我从内心深处非常感激这位老人！

霍中张冶民老师

张冶民老师是对我影响最早、最深的老师。他是扬州人，一口柔和的扬州话。从扬州师专数学专业毕业后，被分配到霍庄初中任教。那时，他才二十多岁。

到初二时，他教我们的代数，听他的课简直是一种享受。课堂语音快慢适度，语调不急不厉，每到重点、难点以及容易出错的知识点，都会用语速、语调的变化来提醒学生注意。更难得的是，他课堂语言非常干净，少有闲话，更无哼哈之类的坏癖。至于板书也是一流的，秀丽的字迹，精心的设计，而且几乎是讲课和板书同步，真可谓出口成章，落笔成文，这等的教学功底是极少有的！

1958 年以后，霍中有了高中部，他就教高中数学，并升任了教导主任。

一直到 20 世纪 80 年代中期,他快到退休年龄了,仍在霍中工作。他是把自己的一生献给了霍中这所有着光荣革命传统,但地处偏僻、交通不便、信息不畅的学校教育事业了。后来,在我的建议下,教育主管部门把他调到城里教师进修学校工作,也算是对一位外地老师把一生献给我们泰兴教育事业的报答!

霍中李培恩老师

李培恩老师也是我在霍庄初中读书时的数学老师,教初三几何。

他不像张冶民老师那样温文尔雅,他走路铿锵坚挺,说话清脆洪亮,衣着整齐,连头发也十分考究。据说他曾经做过军官,军人的风度依稀可见。

他讲课也是一流的,语调抑扬顿挫,吐字个个清楚,犹如"大珠小珠落玉盘"。

后来,听说在"文化大革命"时期,他因病截除下肢,终日靠轮椅行动。但是,他依然坚强、乐观,而且为人公正坦然,在庄上威信很高,左邻右舍有些稍微大点的事,都喜欢找他商量。还听说有不少人家的孩子要中考、高考,也请他辅导。所以,他虽然足不出户,但没有多少寂寞感。

有一次,我到李老师的家乡许庄做工作,抽空去拜访他,他自然十分高兴,还是那么精气神十足,真令我敬佩不已。

泰中叶复初校长

叶复初校长是我们全市人民敬重的老校长、老县长。他是 1957 年从副县长的位置上调到泰兴中学当党支部书记兼校长，意在加强党对学校和知识分子工作的领导。

我是 1957 年刚考进泰中高中的。一个普通学生与叶老校长并无多少直接接触，他也没有教过我们的课，只是在大会上听到他的报告，在校园里看到他的身影。就是这不多的接触，却给我留下了极深的印象。

一是严字当头。无论对己对人，无论工作、学习、生活，无论什么场合，都是按照正统的规矩严格要求，一个马虎眼也不肯打，有时近乎少了人情味。如要求学生早读，他带头坚持早读，特别是隆冬清晨，谁愿意从暖和的被窝里出来呢，但是，他总是披着一件老羊皮大衣，手里拿着书或报，在校园里边读边看。年近花甲的老校长尚能如此，其他人能否耶？

二是报告精彩。叶老校长早年参加革命，是我党干部中的文化人。他的报告层次清晰，有骨有肉，字斟句酌，旁征博引。记得我们读高二时，那是 1958 年，中央提出了社会主义建设时期的总路线："鼓足干劲，力争上游，多快好省地建设社会主义。"叶老校长在全校师生大会上作了专题学习辅导报告。他在分析了总路线提出的背景形势之后，着重讲述了总路线的内涵要求，指出前两句话是要求全国人民树立赶超世界先进的信心，永葆奋发向上的精神状态,后一句话"多快好省地建设社会主义"从数量、速度、质量和效益诸方面提出了建设社会主义的全面要求,老校长从各个方面的辩证关系作了详细的剖析。最后,老校长提出了作为学校和学生应该做些什么,真叫精彩。更为精彩的是老校长报告时像演讲那样,脱口而出,似乎是没有准备什么稿子。其实,老校长在报告之前做了大量的准备,并有一张纸的提纲和一大叠的资料,报告时成竹在胸,得心应手,所以会让人敬佩不已。

三是只有工作和学习,没有生活和娱乐。听人说老校长平时在家自己不会做点吃的,出门上街认不得回家的路,更没有什么棋牌之类的娱乐活动。在他手下的工作人员对他这种忘我精神恭敬有加,但对他这种没有个人生活的生活方式又似乎感到有点儿不可亲近。

老校长啊,怎么做人这么难哪?你严格要求,他说你少了人情味,你亲自动手,他说你不放手下属,你忘我工作,他说你不可亲近。你的一身正气为你招来了小人的嫉恨。在"文化大革命"中,你遭受了不公正的待遇,被迫离开了教书育人的岗位,受到了很深的迫害。

最终,还是我们党粉碎了"四人帮",结束了这场长达十年的浩劫,让你重新回到了熟悉的岗位,工作到老,为人师表到老。我在此向你致以深深的敬意!

泰中沈式田老师

在泰中，还有好些老师也让我特别敬佩。

班主任沈式田老师把学生视同己出，对学生的思想、学习和生活无不关心，并且总是笑脸相待，在谈心中对学生进行教育。

泰中高佩亮老师

物理老师高佩亮是解放前上海老交大出身。他的课学生爱听，因为常常从故事入手，先让你对所学知识有一个感性认识，再向理性和定量方向求证，从而使学生学习既轻松有趣，又印象深刻。

物理物理，格物致理，这是学习物理的经典的学习方法。记得一次讲流体抛物线时，先说了一个笑话，甚至可说是粗话，就是男生撒急尿的情景，有点让人不可理喻，学生都是大男大女的，老师讲这个笑话好吗？谁知高老师话锋一转，接上了流体抛物线的概念和相关数量关系，真让人拍腿叫绝！

泰中王天白老师

王天白老师是教导主任，教我们的数学，他特别注重培养学生的"双基"能力。即基本概念要清晰，基本运算要准确。

一次他在纠正学生粗心大意的习惯时,教育学生不要自己原谅自己,以为下次细心就行了。事实上没有那么容易!要做到"会做的一分不丢",必须严格要求自己,下苦功反复训练,才能一旦出现了粗心大意引起的落笔错误,就会像条件反射一样,发现并改正错误。

一般的年轻老师认为粗心大意是学生在学习上的"常见病",他们是达不到王主任这种境界的。我想,如果这种毛病不改,就好像一个人穿了一条旧裤子,看上去裤子是好的,没有一点儿破绽,但是它已经磨薄了、疲了,随时随地都有可能破裂而出纰漏,那多难堪哪!

泰中杨元毅老师

还有语文老师杨元毅,他对古文特别精深。讲课时全身心投入,嘴角上常常泛起白沫而顾不上擦,硕大的头脑情不自禁地点来晃去,真像是完全走进了陶渊明的桃花源里,并把我们学生也带了进去。能听到杨老先生讲语文课,对学生来说可算是一种享受。

难忘的三次高考
（1960、1977、1992）

　　我有三次难忘的高考经历，分别是 1960 年我自己参加的高考，1977 年我在教育局工作时参与组织"文革"后的首次高考，以及 1992 年我儿子参加的高考。

1960 年我参加的高考

　　1960 年夏，我顺利地高中毕业，参加了全国高校招生统一考试。那时，一个地区只设一个考点，扬州地区设在苏北农学院。

　　我清楚地记得高考的前一天晚上，学校租用好几辆大客车把我们送往扬州。我可是第一次乘坐汽车，心里自然激动，眼睛紧紧地盯着窗外，新奇地打量着沿途的一切，只是到了江都宜陵，天完全黑了，才回头坐在座位上想着第二天的高考。

　　考试那天早上，学校统一安排了伙食，妈妈怕我挨饿，临考前特地为我准备了油摊面烧饼，用干净笼布包了四五大锅子托人带给我。妈妈的面烧饼摊得非常好，又薄又匀又脆。吃完早饭，我打开笼布包，一股浓浓的葱油香直冲鼻腔，我就着开水连连咬了几大口，真香啊！妈妈，我一定要考上大学，你放心吧。

当时，高考课程与现在差不多，也分文理科，但是分量没有现在这么重，满分都是 100 分，而且语文只考作文，历时两天半，妈妈的油摊烧饼也正好吃了两天半。

半个世纪过去了，油摊烧饼情结我是怎么也忘不了！现在的高考可不是如此简单了，一个孩子高考，全家总动员，有的亲朋好友也凑过来帮忙，都寄托着美好的愿望。

1977 年我参与组织的高考

1977 年秋，粉碎"四人帮"的次年，中央决定恢复停摆了十年的全国高校招生统一考试制度。这个特大喜讯一经公布，全国上下，尤其是亿万的老师和莘莘学子无不欢欣鼓舞，奔走相告。是时，我在教育局招生办工作，更是满腔热情地投入了迎接高考的各项准备工作。

当时，全县的高中规模很大，除口、泰、黄、霍四所老完中外，42 个公社（不包括泰兴镇）都各有一所完中，布局分散，而且每个学校的高中班级都只有双轨，这是"文化大革命"中把学校办到贫下中农家门口的办学思想所使然。

还是在这种思想指导下，政府决定把考点设到每个公社,这一来可急坏了、愁死了我们这帮工作人员。全国高校招生统一考试相当于过去的"殿试",在我们泰兴设置考场、考点,是史无前例的。组织好这种考试,从舆论宣传开始,到试卷接送、考场准备、监考老师的挑选和培训、考生食宿安排、交通和供电保障等方面的工作,牵涉到宣传、教育、文化、卫生、交通、供电、公安以及组织、纪检等部门,关系到千万家庭的切身利益,既是一项复杂而细致的系统工程,又是一项政策性很强、敏感度很高的民心工程,我们一定要把这件大事办成、好事办好。

县委、县政府十分重视,专门建立了高校招生委员会,各相关部门为成员单位,下设办公室,张翠英兼任办公室主任。张翠英时任县教育局副局长,泰兴的女才子、女强人。她在高校招生委员会的统一领导下,各项准备工作紧张而有序地推进。各相关部门、各公社一把手都一线指挥,挂图作战,确保招生工作的每个环节万无一失。我们教育部门更是全力以赴,倾巢而出,把能派下去的人员都派往各个考点,我是去南新考点的。

印象特别深的是那年高考三天,天气特别炎热,似乎老天故意考验我们那些考生。为了防暑降温,我叫他们把所有考场都要用井水浇透,当时教室的地面都是黄沙泥铺的。考试时,每个考场的走廊里放只洗澡木盆,盛满冰凉的井水,考场服务人员不时地为考生递去冰凉的、崭新的湿毛巾让他们擦汗降温。

这等人性化服务在今天的高考中是完全不可想象的，因为现今为了防止舞弊，考场内外都是统一化、标准化的管理模式。近些年还不断听到有利用高科技手段作弊的新闻，世风日下，悲哉哀也！

1992 年我儿子的高考

1992 年高考也是值得记下一点东西的，因为那年我儿子参加高考。儿子 1989 年考取泰中高一后，培养了书法、文学、辩论、演讲、唱歌、计算机等各种兴趣爱好。那时泰中也不像现在奉行被普遍诟病的"县中模式"，各种文体活动非常多，每天晚自习前有"晚唱"时间，由文艺积极分子教全班学唱流行歌曲，还有班级文学社定期编印班刊，儿子都是其中的积极分子，可是成绩却很不理想。进入高三，他坚决不愿留级，并开始发奋图强。开学第一天，新班主任陈策老师赠送了一副对联鼓励同学们，"有志者，事竟成，破釜沉舟，百二秦关终属楚；苦心人，天不负，卧薪尝胆，三千越甲可吞吴"，儿子用小刀刻在自己的课桌上作为座右铭。主动学习的力量是惊人的，他迅速提高并稳定在班级前 20 名。按照泰兴中学那时的实力，5 个理科班，每个班的前 20 名都可以考入重点大学（相当于现在的 985 和部分 211）。

那个时期，高考前全省要先进行统考，划定一个起分线，起分线以上的考生才有资格参加全国统考。学生参加全国统考之前，需要先填报志愿，这是一个非常重要，也让学校、家长和学生纠结的过程，因为无法像现在这样先考试估分再填报志愿，所以每年都有平时成绩优秀的学生因发挥不佳而错失第一志愿的重点大学，直接滑落到普通院校甚至大专的情况。为此，我和儿子的班主任经过反复斟酌，建议他不要填报建筑学专业的一流学校，如清华、东南、同济大学等，而是填报了华中理工大学的建筑学专业。

高考的三天，我哪里也没有去，每天守在儿子考点外，比自己当年高考还要紧张。最终儿子的高考成绩让人喜出望外，爆了一个大冷门，619分，全县第二名，与他的同班同学、第一名状元仅相差一分，可以报考清华、北大任何专业！高兴之余，虽然也有些懊恼当初志愿填得太过保守，但当时的高考制度就是如此，也无法更改，所以也该满足了，就高高兴兴地去了有"南清华"之誉的华中理工大学建筑系。那一年我们家在高考前添置了冰箱，高考后添置了彩电，一家人围坐在彩电前观看春节联欢晚会，其乐融融。后来，儿子又读了硕士、博士，并在东南大学留校任教了。

1992年的高考，泰兴中学取得了极佳的成绩，总共5个理科班、1个文科班大约360名学生，升学率几乎达到100%，其中录取重点大学的比例超过60%，保送或考入清华、北大的有10人之多。

关于"县中"和高考的闲话

高考成绩是社会评价高中教育的主要指标。为了追求更好的高考成绩,很多高中都放弃了所谓素质教育,而奉行高压高强的所谓"县中模式",但似乎并不能奏效。近二十年来,泰兴中学在高考中的成绩日益下滑,尽管规模已经扩充至 30 个班,尽管从当年的素质教育变味成了现在所谓的"县中模式",但每年清华、北大录取人数只有寥寥一两个,有时还会"剃光头"。

作为泰中的老校友和教育界的老兵,我目睹了许多问题并为之深深焦虑,如学校主要领导更换频仍且大多缺乏教育教学经验,优秀师资向大城市和私立学校、培训机构流失,部分教师和学生因课外补习而冲淡校内教学,以及江苏独立命题且政策不稳定等大环境因素。幸运的是,当前教育部已经大力整治课外培训,江苏也将参加全国统考,希望能给江苏各地"县中"及学子带来更好的学习和考试环境。

中学教学十年琐记
（1964—1973）

　　1964 年，我从扬州师范学院数学系毕业。当年，国务院新颁布了一个决定，凡应届大学毕业生都要到基层锻炼一年，或农村，或工厂。我们被分配到泰兴的大学生，文科的随即上了社教工作队，理科的先分配到学校，听候通知。

　　我到霍庄中学报到后，先没有安排教学任务，后来让我代教了两星期的课。国庆节后，傅鸿渐老校长找我谈话，告知县教育局要调我到长生中学工作，他想挽留我，并亲自写了一封信让我带交县局，结果不成。记得当时的人事视导陶友堂对我说，长生中学是县十三所重点初中之一，因为该校教导主任王明泉调县教育局教研室工作，急需一个数学老师去补充，匡毕庚校长让王主任到县局调阅了毕业生分配档案，亲自点了我的名，可能我在霍庄初中读书时，匡校长是党支部书记，王明泉是老师，他们对我有点印象。当时的人都比较单纯，我自然是服从分配了，陶友堂还安慰我说以后有机会再把我调回霍中。

就这样我去了长生，一待就是八年。在这八年的教学生涯中，也有一些难忘的琐事。

锤炼语言，设计板书

语言和板书是一个老师的基本功，学生在课堂上接受知识也主要是通过视听这两个感官渠道。所以，我在备课时都要吃透教学内容的重点、难点，该讲什么，重点讲什么，不要讲什么，都烂熟于心，这样才能在课堂上离开备课笔记，面对满堂的学生，不重不乱，不急不厉，从容而出。重点、难点之处，语速慢一点，语调重一点或轻一点，以引起学生注意。否则，语言啰嗦，内容平淡，容易使学生听觉疲劳，分散注意力。

有的老师生怕学生跟不上、听不懂，尤其是重点难点的地方，习惯性地重复，结果适得其反，学生听课不专注，依赖于老师第二遍重复。而有的老师抓住要害，三言两语就把问题说清楚了，学生反而听得特别认真，生怕漏了一句而跟不上趟。还有个别的老师，养成了诸如"啊""是吧"之类的口头禅，无意中分散了学生的注意力，个别的学生还故意数着老师在一堂课里有多少个"啊""是吧"之类的口头禅，这就更不好了。

作为一个老师，除了锤炼语言外，板书也是很重要的。一手漂亮字，能引起学生对你的好感和敬佩，有利于提高教学效果。我的字基础还好,加之我有意识地注意到了这样一个细节,所以,学生比较喜欢我的板书。我每次备课,都有板书设计,写什么,写在哪里,都要在笔记本上画个大概的框架,以免在课堂上乱写乱擦。这样的板书有利于在学生头脑里留下清晰的印象,好让他们课后"过电影"。

我能够注意到课堂语言的锤炼和板书设计,初中的张冶民老师、大学的高古风老师对我的影响最大。张冶民老师,我在前文里已经写过。高古风是我大学里的初等代数老师,他个子不高,头发不多,腰板硬朗,一派学者风范。1964年大学毕业那年教学实习,我被安排到师院附中,高古风是我的指导老师,他除了教我如何钻研教材、吃透重点难点,还特别教我如何锤炼课堂语言,如何设计板书,高老师平时给我们上课,在这两方面留给我的印象也特别深刻。在他的精心指导下,那年我在实习学生中开了公开课,一个班的学生,十多个实习的同学,还有十多个听课的老师,济济一堂。我站在教室门口时,心怦怦地跳,走上讲台后的一两分钟,也很不自在。好的是很快就平静了下来,放开了手脚,走上了预备的轨道,达到了预期的效果。

让学生做学习的主人

1964年刚到学校时,学校安排让我教初一,这是自然的,一年以后随班升级,还让我当了班主任,一直到初三。两年多的教学实践,使我深深体会到老师教得再好、再认真,起决定作用的还是学生自己。所以,老师除了传授知识外,一个重要的任务就是调动学生的学习积极性,教他们学会自学,做学习的主人。

1966年"文化大革命"开始了,波及农村学校是下半年以后的事。虽然我们学校位于我县东部边界,受城镇学校的影响不大,相对比较平稳,但是也常有外校的学生来串联,部分师生心神不定,常规教学模式效果不好。无奈之下,我尝试了一种方法,让学生在课堂上先自己看书、做练习,然后再让学生提出不懂的内容和不会做的题目,我从中选择带有共性的内容和题目进行讲解。嗨,效果还不错,学生比较感兴趣,大部分学生能在课堂上完成大部分作业,可算是歪打正着吧。至于少数成绩较差的学生,我再个别给以辅导。

到了1970年,我们学校开始招收高中学生,我是班主任,教一个班的数学。我跟同事商量,经校方同意,两节课连排,继续尝试"学生自学＋老师讲解"的教学方法。而且,我们认为高中生的自学能力比初中生要强,应该效果更好一点。果然,第一节课让学生自学、做练习,大部分学生的学习积极性高,自信心也比较强,第二节课则让学生提出问题,老师有针对性地讲解,学生听得特别认真,老师也讲得特别带劲,较好地完成了教学任务。

这样的教学方法,学生学得主动,老师也相对轻松。当然,这种做法有一个大前提,就是老师更要充分备课,吃透教材、吃透学生,对学生也要求他们做好预习,只有这样,才能达到预期的教学目的和教学效果。几十年过去了,我们当时的这种教学方法,还是符合现代的教育思想和教学理念的。

每天一题,随时复习

高中教学的两年多的时间里,我在布置作业时,每天都要加一条前两章、三章或者更前面一些学习内容的相关题目,只布置一条,而且不强求每个学生都必须完成,目的是不使学生学到后面,忘了前面,以免总复习时负担太重。当然,这道题目的选择要通盘考虑,精心挑选一些带有典型性的、综合性的题目,学生反映较好。

学生做作业不许用橡皮

这似乎是一条不近情理的要求,哪有学生做作业时不会有错呢? 是的,学生做作业时总难免有多少不等的错误,为了作业的整洁、美观,学生总是用橡皮精心地擦。有的学生老是出错老是擦,结果,纸面上总是坑坑洼洼。

为了培养学生做作业时心静神定的习惯,我就提出了不允许用橡皮的要求,错了,用笔划掉。这样,似乎更不美观。但是,久而久之,学生作业的错误日渐减少。

而且这个要求有一个最大的好处,就是我从他们的错误处,能看出学生是怎么想的,错误的原因在哪里,是粗枝大叶呢，还是知识点缺失。我在帮助学生纠正错误时，也就能做到心中有数，有的放矢。

据说，现在中考、高考时，也不允许学生用橡皮擦或用胶带纸粘，这可能是为了阅卷时机读的考虑。如此这样，老师们就得从平时抓起，从小学抓起，学生做作业时的注意力就会不断提高，条理性就会不断增强，久而久之，就会养成良好的学习习惯。

必须知道，学生良好习惯的养成是老师教育、教学的一个重要任务，从某种意义上说，这个任务比知识的传授更为重要。好的习惯能够使人受益一世，坏的习惯会让你受害无穷。

滥竽充数教音乐

"文化大革命"那段日子里，学校教学秩序有时不正常，一度音乐课没有人教。无奈之下，我对校长说让我试试吧，就这样滥竽充数地当了音乐老师，做了一段时间的"临时工"。

我在大学时学习过拉二胡，对比较复杂的简谱也能读唱，比如《春江花月夜》《步步高》《梁祝》等名曲也拉过许多遍。为了学教音乐，我在搓洗衣服时，把歌纸放在脸盆旁边，手上搓衣服，眼睛看歌纸，嘴里哼曲子。在饭前课后反反复复地练习弹风琴，达到不看琴键、边弹边唱的熟练程度，只有这样，才能在课堂教学时得心应手。

那个时代,时兴"毛泽东思想宣传队",因此,校长就叫我和王绍平老师负责学校宣传队,有时还抬着一架风琴外出表演,最远时到过邻近泰兴边界的如皋黄石公社。

回忆起那段时光,还有些留恋,二十多岁的年轻人,和小不了多少的学生们在一起唱唱跳跳,多开心啊。现在老了,只能把这些快乐写在文字里。

特殊时期的教学工作经历
（1966—1976）

1966 年 5 月 16 日，中共中央发出了在全国范围内开展"文化大革命"的通知。当时，我已经在长生中学任教，作为一名农村中学教师，对这场大革命几乎是盲目的。这场"文化大革命"的目标是什么，最后要走到哪一步全然没有想法，也不去关心怎样怎样，上面叫干什么就干什么。此后的十年间，虽然从学校到社会都出现了种种乱象，但教学教育并未完全停止，仍有不少值得记录的难忘经历。

全县中学教师集训班（1966）

1966 年 8 月 1 日，全县中学教师集中到县委党校（原庆云寺里）参加学习班。学习班完全由县委及其组织部领导，学习中央文件，批斗走资本主义道路的当权派和"牛鬼蛇神"。所谓"牛鬼蛇神"，就是家庭出身不好的或者历史上有政治、经济和生活作风等方面的这样那样斑点的人。

开始,我们年轻教师要求进步,表现积极,写大字报,上台批判,工作组要怎样做就怎样做。后来,大多数的校长都先后受到了批判,许多年龄稍大一点的骨干老师也因为历史上不像纯白的猫儿那样纯洁而受到了批判。

我们学校有个华发龙老师,原来在省泰中教俄语,后因中苏关系恶化而停教俄语,调到我们学校改教语文。他的知识面宽,语言表达能力强,一手的漂亮字,课上得很好,而且有一副好歌喉,深受学生们的欢迎。但是,因为家庭出身不好,他在我们学校的老师中首先受到了批判。工作组组织了铺天盖地的大字报,他也用大字报进行了答辩,说实在的,从他的答辩中也能看出他的水平和能力。

还有教导主任丁季岳,语文骨干老师刘富学、刘则乾,包括校长匡毕庚,都先后受到了程度不等的批判。其他学校也大同小异,如此下去,学校里还有什么人可以依靠呢?

我开始疑惑起来,懈怠下来,厌倦情绪日渐增强。加之那年夏天气温特别高,持续一个多月滴雨不下,大地像蒸笼似的,气温高于体温,板凳都是热燥燥的,一坐上去就明显地感到烫人,墙上到处爬着毛毛虫,更令人毛骨悚然。

那年集训,教师全部住在县委党校,学习室有的安排在外面。我们的学习室就在泰兴镇中心小学里面,每天中午来去的路上,太阳火辣辣的,走在烫人的青皮石路上,上晒下蒸,汗流浃背。一到学习室,第一件事就是"解放自己"，上身的衣服脱得一丝不挂，只剩下短裤一条，尽管学校里还有两名女老师孙桂凤和田明英。直到9月底，学习班才宣布告一段落，各校由工作组负责，回校复课闹革命。

到北京接受毛主席检阅（1966）

回校不久，上级要组织红卫兵代表去首都北京接受伟大领袖毛主席的第五次接见，我有幸被学校推选为三个教师代表之一，还有两位老师是李锦埠和王绍平。学生代表也有七八个，记得的有王元玺、王元祥、徐国才、耿林生、丁达德、任邦英等。

10月13日，全县代表统一乘火车，凌建夫副县长为总领队，直达北京。我可是第一次乘火车，第一次去北京，而且还要去见毛主席，心里好激动！

到了北京，我们泰兴代表团住在朝阳区接待站。安顿下来以后，吃完晚饭，学生们起哄要我小李老师领他们去天安门广场，当时我们学校有三个李老师，老李老师是李锦埠，大李老师是李文甫。我当然也想去，但是心里不踏实，第一次去天安门，又是晚上，还有好几个学生跟在后面，责任可大矣。结果，还是壮着胆子和他们一道挤上了公共汽车到了天安门。啊，华灯照得比白天还要亮堂，游人多得比赶集还要热闹，我们玩得比过大年还要高兴，可惜当时没有相机留下那快乐而美好的时刻。玩着玩着，不知不觉已经到了11点，游人稀少得多，到哪里乘车回住处呢？我心里焦急，嘴上却叫他们不要怕，有我在呢。我们转了好一会儿，终于找到了回家的公共汽车站台，到了宿舍，老李和老王这才放了心。

毛主席接见我们的时间定于10月18日，在这之前的几天里，按照团部要求，我们不能随便外出，只是到北京动物园去玩了一次。那天，我们学校全体师生代表一起行动，进园之前再三交代要集体行动，不得擅自离队。谁知从动物园出来时，却少了一个学生，这可把我们三个老师急坏了。这可怎么办呢？王绍平老师先带其他学生回住处，我和老李留下来找那个学生。老李守在动物园门口，我再次进入动物园里去找，偌大的动物园，到哪里去找？加之天已经快黑了，心里焦急万分，无奈之下，我和老李只好先回去再说，那时不像现在，手机一打就知道情况的。天晓得，回到住处时，那个学生已经早早地回来了，尽管他是因为肚子疼先回来的，我们还是狠狠地批评了他一顿。

10月18日终于到了，头一天夜里我们都激动得几乎没有睡着，凌晨三点钟就起床，集队前往指定地点等候。10月的北京，又干又冷，我们江苏人很不适应，然而，大家还是精神抖擞地、规规矩矩地坐在地上等候那激动人心的时刻！大约10点钟，人群开始骚动起来，说毛主席要来了。以前的几次，每次都是10万红卫兵受到接见，他们按指定地点集中在以天安门为中心的大马路两旁，毛主席等党和国家领导人乘坐敞篷汽车缓缓驶过，频频挥手，下面的场景则是红旗舞动,群情激动,欢声雷动。

我们幸运地被安排在一个马路转弯处,检阅的车队开得更慢,所以能非常清楚地看到毛主席、周总理等党和国家领导人的光辉形象。不是说奉承话,在我见到的人里,毛主席的魁梧和周总理的风度真是少见!

为了纪念这个光荣的日子,我特地在北京一家大商店里买了一支永生金笔,并让店主在笔杆上铭刻了"10月18日购于北京"。这支金笔,我非常珍爱,用了许多年,至今还保留在家,可惜的是已经坏了,不能再用了。10月23日,我们带着十分的骄傲和喜悦回到了学校,继续复课闹革命。

编写中学数学教材(1968)

1968年秋学期,我被县教育局指名抽调到泰兴县中小学教材编写组(以下简称"教编组")参加编写全扬州地区通用中小学教材。

教编组一共20人左右,我和泰中王天白主任、刘荡中学史龙生老师、天星中学周明泉老师共同编写中学数学教材。当时,全体编写人员食宿、工作都在泰兴师范学校里,由原师范学校校长张林生总负责,教育局中教视导严昭成具体负责。教编组里还请了两名农民代表和两名工人代表参加,那时,强调学工、学农,请他们来一是工作需要,更是政治的需要。

记得我是分工编写初中数学里的两章：一次函数和二视图。根据上级要求，新编教材要注重思想性和实践性，保留必需的基础知识和基本技能，删除过难、过繁的题目，增加工农业生产中常用的知识和技能。我分工编写的"二视图"一章就是在初中数学里增加进去的全新的内容，因为工人，尤其是机械加工工人和建筑工人常常用到这方面的知识。至于思想性，在数学教材里比较难体现，有的则是在一章的开头加条把相应的毛主席语录。在我的印象中，教编组还专门编写了一本关于我县主要农作物栽培技术的教材。

1968 年底，多数人完成初稿后就回校了，我和王天白主任一直工作到最后定稿。定稿由扬州地区教育局（当时泰兴属扬州地区）孙金绶副局长负责，住泰州市政府招待所乔园，直到 1969 年 6 月结束。那段日子，工作紧张，生活优厚。王天白主任是泰州人，还请我到三合饭店吃了一顿大煮干丝，这是泰州的名店名菜，的确名不虚传。

我们编写的教材，在扬州地区也用了好几年，后来就是全省统编教材了。编写教材的实践，使我深深地体会到数学的语言是最准确、最简练、最富含逻辑的语言，作为一个数学老师，在平时的教学过程中，也要特别注意这一点。

回到学校以后不久，即 1970 年，学校建立革命委员会，匡毕庚校长被结合了进去，并且是一把手主任，我当副主任。到 1973 年，我被正式调到县教育局教研室工作，教研室的班底就是教编组的一套人马,如严昭成、史龙生、周明泉,还有原泰兴师范学校傅鸿渐老校长等,会计唐槐仙也是教编组的老成员。不久,张衍老到我们教研室当主任,他是在"文化大革命"初期从省教育厅下放回原籍的老干部,不仅品德好,而且水平高,我们在他手下学到了许多东西。

推荐工农兵大学生(1973)

"文化大革命"开始那年,国家就停止了高校招生考试,害苦了66、67、68这三届的高中毕业生,他们无辜被剥夺了参加高考的权利。

到了1970年,国家以高校革命为旗,实行推荐保送工农兵上大学的制度。我想,中央实行这种制度的主要出发点是要让工农兵上大学、管大学,改变知识分子一统大学的局面,改变以前高校招生全国统考只看分数高低、一纸定终生的局面,改变过去教育不公平、工农兵中少有人上大学的局面。在当时的中国,知识分子地位低下,考试分数一文不值,以致0分张铁生上了大学而成为新闻人物,被炒得沸沸扬扬。

到了1973年,招生政策才开始提出"在政治条件合格的前提下,也要注重分数"的说法。按这种说法,分数还是处于一个次要的、从属的地位,并没有得到应有的重视。

1973年我调到县教育局以后,就参加了高校招生工

作,张翠英副局长是县招生领导小组下设的招生办公室
(以下简称"招办")主任,周明泉和我是副主任。

推荐选拔工作大体是这样进行的:首先是建立县招生
工作领导小组及其办公室,召开招生工作会议,同时将招生
计划分配到各公社、系统,所有符合招生条件的对象一律
按户口所在地推荐。会上免不了要强调严肃纪律,公平公
正;其次,各公社、系统按下达计划,层层推荐,并形成书面
材料上报县招办;第三,招办初审上报对象,并组织力量到
基层对上报材料逐一进行核实;第四,县招办汇总调查,核
实情况,初定推荐对象及其被录取的学校,逐一向县招生领
导小组报告,初定县级上报名单和相应的录取学校,同时,
县招办将初定方案反馈到各公社、系统,并要求张榜公布,
征求群众意见,而且要将反馈意见形成书面材料报县招办;
第五,组织上报对象体检,县招生领导小组根据体检情况进
行微调,最后将县定人员名单及其期望录取的学校以书面
报告的形式上报到地区招生领导小组;第六,向地区招生
领导小组逐一报告,相关招生学校联席参加。特别强调的
是,逐一报告时,有关人民来信及其调查情况必须一一交代
清楚。在此基础之上,由联席会议最后确定被录取人员名
单,签发录取通知书。

根据上述招生工作程序,招生工作总体是公开透明
的,被录取的工农兵大学生总体是好的。而且,为了体现
党的阶级政策,每年的招生计划里,都特别下达几个名额,

招收家庭出身不好的对象,当时把这种对象称之为"可教育子女",比如鞠镇生、鞠章网就是属于这一类学员。

但是,干部子弟偏多是不争的事实,上上下下都有意见,这也是推荐制度所带来的不可避免的弊端。客观地讲,那个时代的干部群体总体是好的,应该是比较优秀的人员才能当上干部,因而在老百姓心目中的形象比较好。他们的子弟多数也是好的。而且从另一个角度看,由于生活、工作环境的不同影响,干部子弟在知识、信息占有方面,在实践、工作能力方面常常会优于普通工人农民的子弟。据我所知,如李国祥、马翔、叶亚明、徐新德等工农兵大学生都比较优秀,他们也都是科级以上的干部的子女。

当然,普通老百姓的子女和"可教育子女"中的工农兵大学生,能够被推荐上来,他们中间的优秀人员就更多了,像张泽民、吕炳生、施钟林、李湘子等等都是。

时至 1976 年,党中央一举粉碎了"四人帮"。后来中央决定恢复全国高校招生统一考试制度,分数面前人人平等。莘莘学子,尤其是"老三届"(指 66、67、68 年毕业的高中毕业生)更是欢腾雀跃,奔走相告,整整十年啊,终于等来了这一天!

教育局工作十年概略
（1973—1982）

　　1964 年 7 月，我大学毕业，至今已过去半个多世纪。起初八年，我在长生中学工作。1973 年初正式调县文教局工作，1982 年春调离文教局，先后在江苏省泰兴师范、县委宣传部、县人民政府、市科学技术委员会等单位工作过。2000 年市政府 1 号文件让我退居二线，2001 年年底正式办理退休手续。

　　工作的三十余年中，我自认为在文教局的十年是最值得回忆的十年，所以想把印象最深的记忆录下来，意在让后辈知道那个时代的那些事、那些人、那种作风，学而思之，仿而效之。

经常性教育教学研究

　　1973 年初，我被正式调县文教局教研室工作。在这之前的 1968 年秋学期，县教材编写组抽调我参加扬州地区中学数学教材编写工作，1969 年夏回校。

　　教研室的班底中，有好几个人一起在教编组工作过，可能也是局里有意先把我们"拿在手上"考察一下。其中，教研室主任严昭成主持过教编组的工作，他能力强，要求高，特别认真负责，有人背地里叫他"工作狂"。副主任张衍也在教编组工作过，他原来在省教育厅普教处工作，"文化大革命"中被下放到原籍泰兴"劳动"，落实政策后就安排在教研室工作，他既是我们的老师，又是我们的长辈，很受大家敬重。还有朱之发、史龙生、周明泉、唐槐仙和我，都参加过教材编写工作。所以，我们教研室一班人彼此相熟，团结协作，工作氛围很好。

　　我们的主要任务就是研究和指导全县中小学的教育教学工作。经常性的工作方法是深入学校了解基层教育教学成果和普遍存在的问题，然后或通过编发《教研动态》向下传递信息，或召开相关会议交流经验、布置工作，如遇有重点课题，则组织力量到相关学校蹲点，和学校领导、任课老师一起探讨，获得成功后再通过多渠道向全市推广。因为我们教研室的工作人员都是从学校选调上来的，中、小学各门学科齐全，每到一个学校，都尽量进课堂听课，课后还要与老师交换意见，共同研究。所以，工作的针对性较强，颇受学校欢迎。

　　但是，鉴于当时的大背景是"文化大革命"，"四人帮"一伙今天拿"白卷英雄"张铁生、明天拿"马振扶事件"来打压教育战线,弄得我们不敢大张旗鼓地抓教育教学质量。林彪飞机坠亡以后,邓小平同志第一次复出,下决心抓"九大"整顿,我们教研室的严主任、张主任等犹如久旱得雨,认为这下可以好好地大干一场,狠狠地抓一下教学质量了。

然而,他们这些老同志是从"文化大革命"走过来的,一提起抓质量还是有些心有余悸,只说"质量还是要抓的,分数还是要要的"。我们当时时髦的说法,如"精讲多练","抓好45分钟,向课堂教学要质量","教学活动的主体是学生,内因是第一要素,要努力培养学生的自学能力"等等。我印象最深的有几件事。

一是作出硬性规定,每堂课老师必须留出15分钟以上的时间让学生做作业,大部分学生要在课堂上完成老师布置的作业。

二是严昭成主任带队,我、周明泉、史龙生等几个人一道去泰中高一年级蹲点,试图尝试一种"让学生做学习的主人"的教学方法:教师编发预习提纲,学生课前按提纲预习、做会做的题目,并提出疑难问题,在第二天课堂上,老师择要讲解教学内容,重点针对学生提出的疑难问题精讲。试验证明,百分之八十的学生能做百分之八十的教科书上的习题,教师课堂上的主要精力就放在"两个百分之二十"上。这种以学生自学为主的教学方法,学生学得主动、积极,老师备课要准确吃透"两头":一头是教材的教学要求和重点、难点,一头是学生预习的情况和可能提出的问题。在课堂上,老师在概述课文内容的基础上,紧紧抓住重点、难点,精讲多练,师生互动,课堂学习氛围既浓厚又活跃,双方都比较欢迎这种新的教学模式。

三是襟江小学何邦琪老师任教高年级语文,她探讨了一种阅读法教学,指导思想正确,教学效果较好,我们通过公开课的形式向全县推广。这种教学方法,主要是引导学生反复阅读课文,在阅读中达到规定的教学目的。先是初(粗)读,只要求学生全文读一遍,在老师的指导下认识生字、生词;第二遍通读,要求学生将全文前后贯通起来读,能说出课文主要写了什么,先写什么,后写什么,最后写什么;第三遍叫精读,要求学生读得流畅,读出节奏,连标点符号也要在朗读时能体现出来,还要求学生能说出课文中精美的词语、精彩的段落、精心的构思;第四遍,也是最后一遍,就是有表情地朗读,有的课文还分角色朗读、表演型朗读,读出情景来,读出神气来,读出味儿来。师生们一致叫好,它好在体现了以学生为主体的教学理念,调动了学生的学习主动性、积极性,培养了学生的自学、阅读能力。语文教学能做到如此炉火纯青的程度,老师把握课文的能力、水平和熟悉学生、组织学生的功夫了得!

在“文化大革命”中,教育教学研究也被打上了深深的烙印。一些教学改革活动,“左”得很,我们教研室的同志本身也有不少看法。然而,出于大势所趋,还是要去推波助澜。

最典型的是张湾中学开设"三机一泵"课程,即开设拖拉机、电动机、发电机、水泵的教学与实践。应该说,开设这些课程并没有错,学生既学到了知识和本领,又能直接为农业生产服务。问题是在开设这些课程的同时,严重忽视了基础知识和基本技能的学习与训练,放松了教学大纲规定的其他文化课程的学习,诸如数学、物理、化学等课程的学习,英语学习就更不用谈了。尽管如此,我们教研室的一班人马,由严主任带队,蹲点张湾中学,直接和校长华志栋一起探讨教学内容的改革,一起召开现场会,一起接待前来检查工作的上级领导和前来参观学习的兄弟学校,尽心尽力地完成了我们的工作。

在教育教学改革工作中,过船向荣五七学校步子迈得也很大,他们面向社会需求设置课程、自编教材、培养学生。该校为了适应泰兴水力挖塘事业发展的需求,专门开办了水力挖塘专业班,系统学习以泥浆泵为主体的水力挖塘机械的原理、结构、操作及维修,学校还专门建立了一支水力挖塘工程施工队,为学生的实习提供基地。他们的做法,也得到了我们教研室的首肯和推介。时任扬州地区(泰兴当时受扬州地区管辖)教育局局长的孙金绶曾多次到该校进行考察,并给予充分肯定。

学校管理网格化

对全县学校的管理和检查,是文教局的日常性工作。

当时，全县44个公社（乡镇）、大几百所中小学、20多万中小学生、1万多名教职员工。摊子很大，事情很多，而文教局本身在编人员又少，除了几个局长以外，剩下的只有几个股长和财会人员，所以，对学校的日常性管理工作则要求下属事业单位共同参与。

文教局的下属单位，除了文化馆、电影院等文化单位外，教育这头有三个：一是教研室，电话号码205；二是扫盲办公室，电话号码306，三是文教办公室，和扫盲办公室合署办公。局内人常常以电话号码分别代称三个单位。由于"205"的工作经常和学校打交道，所以，局里的中心工作多数抽调"205"的人。当时，文教线上的人戏称教研室为"二局"。

教研室为了适应局里工作需要，也特地实行全室人员分区（片）定点联系学校制度，每区2到3人，负责对本片区内中小学教育教学工作进行检查和指导。我被安排在城黄区，我家在城黄区南新公社。局里有意这样安排，可以让我们趁工作之闲，顺便照应一下家庭。当时，我们局里大多数同志的家属都在农村，不像现在这样都调到城里。局里这样照顾家在农村的同志，城里的同志则拿我们开心，说我们"下去就是家去，家去也说下去"。其实，大家都知道，每次集中安排下去工作时，任务都满满的，回城后要集中汇报，有时还有局长参加听汇报，谁敢马虎？而且，每次下去，都是骑自行车，在片区里一个公社接着一个公社地跑,到哪个学校工作,从早读(早操)到晚自习,力求全程参与,吃到食堂,住在老师宿舍。每到一个学校,校长总是叫最考究的老师把床铺腾出来让我们睡,不像现在下去工作时,小车来去,早出晚归。

记得有一次我到七圩公社高圩小学工作,这是一所初小,我去了解他们的复式教学情况。学校没有住校老师,晚上我被安排在一个农民家里,第二天早饭在这一家吃的是糁子疙瘩,硬硬的,一口咬出几个牙齿印,很有嚼头,加上秧草腌制的咸小菜,越嚼越有味。这个味道,我至今记忆犹新。

至于平时,我们分区定点人员,有空就车子一骑,下去找区"教育革命辅导员",和他一道跑一两个学校。区"教育革命辅导员",实际上是局里的派出人员,整天在学校转,区里有什么教育教学活动,也尽量争取我们去参加。所以,实行这种分片区负责的网格化管理以后,基层学校的情况,局里都比较了解,我们分区定点的人员,可以说全县大部分的中小学都到过。

那时,有一些情况是现在的人怎么想也想不到的,那就是公家不能每人发一辆工作用自行车,每人安排一张办公桌,特别是刚调进去的年轻人,只能派几个抽屉,两个人合用一张办公桌。为鼓励私车公出,每两年报销一套链条、牙盘和飞子,满5年就可以买一辆新自行车,凭票报销。在我们那个年代,自行车是多么重要的交通工具和工作用车,它方便、接地气,骑着跑基层学校非常便捷。据统计,我在文教局工作的10年,骑自行车跑遍了全县44个公社,150多个中小学。时至今日,我的自行车情结仍挥之不去,75岁的人了,连上个夫子庙也常常喜欢骑辆自行车,慢悠悠地消闲消闲。

除了平时网格化管理外,每学期开学、期中和期末,局里都要集中全局力量,例行对学校工作进行检查。分管局长带队,以分区定点人员为主体,有时区与区之间还采取"推磨式"检查,给我们分区定点人员一点小压力。于是,我们尽可能在检查前先到自己分管的片区里转一转,以防哪里出点小纰漏。每次下去检查都是"连轴转",一个公社接着一个公社,食宿全在下面。检查结束后,回局里集中汇报、交流。每次集中交流时,局长们都认真听取,并对检查情况进行点评。丁昌德老局长年事已高,虽然不怎么做笔记,但他总是坐姿端正,全神贯注,点评评语简练清晰,恰到好处。七十高龄的老人,如此惊人的记忆力,如此敏捷的思路,真令我们敬佩不已!更有一次检查,我记得是一个春学期期中,丁老局长和张翠英副局长到老叶公社中小学检查,下午回来时没有了公共汽车,又因年纪原因不便乘坐二轮车,两个人竟从老叶步行到了泰兴城!桃李不言,下自成蹊,局长们如此的工作精神,下面的人员怎么能不卖力!

组织对学校视导

对学校进行视导,是局里每年工作的重点之一,虽然也属于对学校工作的检查,但是不同于平时性检查和一般性检查。首先,什么时候视导,到哪个学校视导,视导的内容有哪些,都要经过局务会集体讨论决定;其次,要发出正式书面通知,并提前约请学校主要负责人谈话,好让学校做好准备;再次,视导结束后,要随时与学校领导层集体交换意见,对学校工作进行全面评价。所以,无论是局里还是学校,都把视导当作大事来抓。

大概在 1977 年春夏之交,局里决定对黄桥中学进行视导,我参加了这次活动。我清楚地记得,这次视导特别请了两位离休的老局长丁昌德、戴泽生参加。局领导的意图不是要他们去做多少事,而是有意让他们到学校走走,故地重游;让他们和黄桥中学校长韩百城,教导主任丁鹏、严德明等老同志聚聚叙叙。他们都经历了"文化大革命"的浩劫,能够故地重游,故人重逢,应该是一桩乐事。局长们真是用心良苦!这次视导活动已过去三十多年了,具体情况记不清了,但记得这次视导由张翠英副局长带队。一到学校,张局长带领我们视导组成员和学校领导层见面,商定了日程安排,还特地向学校交待两件事:一是请了二位老局长参加视导,主要让他们出来散散心、叙叙旧,请校方在生活安排上给予适当关照;二是视导组全体成员一律在学校食堂吃饭,集中住宿在孙家巷旅社,因此产生的相关费用,由局里统一结清。在学校食堂吃饭,不摆酒席,适当加两、三个菜,但要有红烧肉,朱师傅的红烧肉是很有名气的。张局长此言既是玩笑话,又是实话。口中的狮子头,黄中的红烧肉,确实好吃!简短的交接以后,我们就开始了紧张的视导工作。个别走访,召开小型座谈会,听课,抽查备课笔记和学生作业,从早上早锻、早读开始,到晚上晚自修结束,全天候地忙碌,连我们年轻人都有点吃不消。然而,两位老局长和黄中韩老校长他们,也是一着不让,一步不落,我们在敬佩之余还真有点替他们担心。视导工作进入第五天,也是最后的一天,从我们视导组成员反馈的情况看,黄中的学校管理,包括教育教学管理和后勤管理,总体是很好的,时任校长兼党支部书记的李祥甫的工作也是好的。视导组一行准备上午与学校交换意见,午饭后返城。谁知,就在吃早饭时,大伙儿发现戴老局长没有到,我立即骑车沿着小巷赶到孙家巷旅社,推开房门一看,我惊呆了,戴老局长直挺挺地倒在地板上,手上的裤子还没有提好,我推测可能是早上下床小便时摔倒的。我立即到旅社门口打电话给黄桥人民医院,他们马上就派人把老局长接到医院进行抢救。此时,我才透了一口气,赶紧到学校向局长汇报。局长真是女中豪杰,处事不乱,现场指挥了三件事:一、关照学校派副校长李幼军去医院负责,视导组陈国华代表视导组也一同前往,请黄中成济生老师也去,成老师是戴老局长的外甥;二、视导组其他成员要关照好丁老局长,能不让他知道最好;三、视导结果的交换意见工作抓紧进行,结束后即去看望戴老局长。那天的午饭,学校本来还安排了一点小酒,说我们辛苦了四五天,放松放松。可是,谁都没有心思喝酒,草草地吃完午饭就匆匆地去了医院,回了泰兴。陈国华是黄桥人,张局长让他留下继续照应戴老局长,等病情稳定后再说。

暑期高中教师培训班

这是 1979 年的事。那几年,全县每年的初中毕业生 2 万人出头,而高中招生计划原来总在 3 千人左右,学生的升学压力很大。在这种情况下,时任局长的凌建夫召开局务会议,决定大幅度扩大招生规模,每个公社一所,双轨。师资远远不够怎么办?暑期举办高中教师培训班,语文组在泰中,数学组在黄中,英语组在口中;培训班学员的老师由教研室、教师进修学校和口、泰、黄三所老完中抽调,数量要足,水平要高;培训期一个月,无特殊情况,一律不得请假。看来,"凌老爷"是下了铁心了!凌建夫局长在"文化大革命"前曾任泰兴县副县长,为人随和,乐于接近普通老百姓,老泰兴人都尊称他为"凌老爷"。这是一位很好的领导,水平高,能力强,肯吃苦,身体力行,尽管对下属要求特严,容易训人,然而,大家还是常常怀念他。

我在黄中负责数学老师培训班。为了方便工作,我们培训班建立了一个领导小组,除我以外,还有泰中王天白、黄中朱承训、泰中薛移林、口岸中学印卓如、教研室曹平章、进修学校周国豪等。针对学员都是各公社挑选来的较好的数学老师，我们研究商定的培训方案是学员事先自己钻研教材，编写备课提纲，尽量做完教材上的题目，提出需要主讲老师重点讲解的疑难问题。主讲老师按全部高中教材的章节分工，每一位主讲都要对所分工的章节认真钻研，吃透教学目的、重点、难点，制定教学步骤，考虑需要准备的教具，对每条练习题都要过一遍，对学员可能难做的题目要演算一遍，并提示解题关键所在。在充分准备之后，结合学员们提出的需要重点讲解的问题，有针对性地讲授。讲授之后，还要听取并吸收学员的合理建议。在此基础上，主讲再把所讲内容修改后，写成讲义，印发给学员。培训班结束，学员收齐了主讲老师们的讲义，就是一本厚厚的备课笔记，以便作为日后教学参考。所以，我们这次暑期教师培训班，实际上是集体备课班，主讲和学员共同钻研，共同学习，学员培训的过程，就是在主讲指导下自行备课的过程。主讲不是填鸭式的讲授，学员不是被动式的接收，整个培训班实在、有效，双方反映都比较满意。据说，泰中语文班、口中的英语班办得都很好。

事情已经过去三十多年了。回过头来看，当时大力发展高中的动机和效果应该都不错，我认为应该给予充分肯定。但是，现在有人说风凉话，什么布局分散、教育资源浪费,什么步子太大,把高中办到每个公社是"文化大革命"中"把学校办到贫下中农家门口"的后遗症,等等。时过境迁,看法自然不一。如果那时也像现在这样把高中都办到城里,学生寄宿,贫下中农能上得起吗? 校舍建设的巨额投资从哪里来? 高中招生的规模能大得起来吗? 是的,高中属于非义务教育阶段,适度扩大规模,集中办学,可以有利于师资队伍的建设,有利于教育投资效益的提高。但是,我对当今像安徽毛坦厂中学、河北衡水中学等校那种做法,在教育事业上办"超市",掐"尖子",把学校办成"学店""高考工厂",这是中国教育事业上的"怪胎"和悲剧,恕我不敢苟同。说得武断一点,那些"掐尖子"招生的学校的学生,百分之百考取大学都并不为奇,其他学校百分之一能考取大学,也是值得肯定的!

组织升学考试和招生录取工作

在教育教学工作中,升学考试是一根指挥棒,"一纸定终身"是不争的事实。"文化大革命"期间,大学招生全国统考被停摆了 10 年,荒废了一代人。其间,曾经推行"考试与推荐相结合"的办法,选拔"工农兵大学生",实行了几年,是有一批优秀的工农兵学员脱颖而出,但也弊端多多。老百姓说,还是"分数面前人人平等"好,我们普通人家还有可能考上大学。所以,粉碎"四人帮"第二年,国家决定恢复全国高校招生统一考试制度,莘莘学子奔走相告,欢腾雀跃!

我县在"文化大革命"以前,连小学升初中都要全县统一考试,统一录取,统一发榜,学校无权擅自招收一个初中新生。记得1965年暑假的一天傍晚,我们长生中学校南面埠口桥村支部书记张某某为了让他的孩子来我们学校上初中,到学校找匡毕庚校长诉苦,说他在抗美援朝战场上死里逃生,本人斗大的字不识一箩,请求政府看在我们"荣军"的面子上,让我的孩子能念个初中。匡校长说:"第二天就要放榜,要变动录取名单,必须凌县长签字,我明天去县上试试看。"第二天一早,匡校长骑自行车赶到县城请示了凌县长,补签了张书记的小孩,赶回学校放榜。我至今还记得那天匡校长因为走得匆忙,把一支派克金笔弄丢了,好可惜。

那个时候,招生考试阅卷也是全县统一进行,我在1965年就参加了县招生阅卷工作,那是我工作的第二年。阅卷工作集中在泰中进行,我看算术卷子,李锦埠主任看语文卷子。那一年暑假猪肉特别便宜,4角9分一斤,政府还号召大家吃"爱国肉",有的食品站还可以赊账。晚上,我和老李花一块钱切包"熬吧肉"(以猪头肉为主),就瓶小酒,两个人吃得饱饱的。

粉碎"四人帮"以后,由于初中已经普及,没有必要再在全县统一组织入学考试,而初中升高中则是文教局的一件大事。1977—1978年,县局决定要进行全县统一的高中招生入学考试,这可是 1966 年"文化大革命"以来的首次全县统考,我们大家都很兴奋,也都很紧张,万一搞砸了锅,后果不堪设想。整个高中入学考试由一把手局长挂帅,分管局长张翠英具体负责。

首先是命题。根据语文、政治、数学、物理、化学、外语 6 门学科的需求,抽调必需的命题人员,组成一套专门班子。班子成员要求较高,品行端正,业务精熟,工作认真,而且从开始进入命题工作之日起,到中考结束之日止,集中食宿,全封闭式管理。为此,那一年,张翠英局长把命题组的全套人马带到杭州师专,她有个同事在那里工作,姓戴,我们的吃饭、住宿和工作场所都是请他帮助安排的。在那里工作,定心定意,避免了家里的分神和干扰,到临近考试的前几天才从杭州返回泰兴。我们大约是晚上 6 点钟登上轮船,经太湖,次日天亮到达无锡。这一晚,大家几乎都没有睡。刚离开杭州码头时,太阳还没有落山,大家到甲板上眺望无边无际的太湖,心情特别舒畅,心胸特别开阔。天黑以后,我们回到船舱,打牌的打牌,聊天的聊天,一片轻松快活。我和局长几乎嗑了半夜的葵花籽,边嗑边聊,局长真平易近人。

其次是印制试卷。返回泰兴后,我们被继续封闭,进行了紧张的试卷印制工作。由于数学、英语试卷专业性强,只有个把老排字工人较为熟练,校对工作量很大。而且,那时还是活字印刷,有的符号还要专门刻制。我是负责数学试卷校印的,经过了三校以后我才签了"清样付印"的字样上机开印。说实在的,我落笔"清样付印"四个字时心情沉重,万一有误,事关全县考生,担当不起!直到数学考试开场一个多小时,确认无误后,心里的一块石头才落了地。在印刷厂的那几天,我们工作量极大,身心极度疲惫。我印象中,那年的考生不下15000人,30人一个考场,就是500个考场;每一门试卷都要数数、分袋、封装到每一个考场,政治、语文、数学、英语、理化五门试卷,就是2500个试卷袋;每袋31份试卷,共有77500份试卷,都要手工点数,要求一份不多,一份不少,然后装袋、封签、盖章,再在试卷袋上分学科标注公社、考场名称,最后捆扎推放好。我用毛笔在封签好的试卷袋上标注公社、试场名称时,直打瞌睡,毛笔几次从手上掉了下来。分装试卷,看来是一件简单的手工劳动,其实,因为数量大、程序多、要求高,乱不得,错不得,心境要特别平静,思想要高度集中,身心特别疲惫。那个情景,我至今记忆犹新。

再次是组织考试、阅卷。考试工作,我们是按照组织全国高校招生统考的要求进行的,局里的同志都经历过。只是阅卷工作,我们心中没底。即便是"文化大革命"前的老人员,也只组织或参与过小升初阅卷,现在是初升高,科目多了,试卷内容复杂了,考生人数也多了。对此,我们在局长们的领导下,周密部署,精心组织,全力以赴。一、抽调阅卷老师进行培训,特别强调工作纪律,并在阅卷场所相对封闭管理。二、制定评卷标准并阅卷。各门学科的评卷标准,都要经过试阅后经评卷组集体讨论决定,一经决定,阅卷老师必须严格执行,不得擅自变更。尤其是作文评卷标准确定后,每份试卷两人背对背打分,差距不大由对阅老师自行调整,差距过大须由仲裁组裁定。三、拆封、登分、结分。这项工作则须组织专门力量进行。因为此项工作虽然单一,但是要极其细心,不得有丝毫差错,弄不好会影响到考生的前途。为此,我们还专门制定登结分复核制度。

第四是公布考生分数并划定各级高中和中等职业学校的录取分数线。

最后,统一录取。录取严格按照划定分数线,由高分到低分依次录取,由县招生办公室审批,学校签发录取通知书。

后来的几年,初中考高中的升学考试,都是由扬州市教育局统一出卷,印发、分装到各县、市,县、市只负责组织好考试就行。

采写文教大会典型事迹材料

文教局以县委、县政府的名义召开的大会主要有两类,一类是一年一度的全县文教工作会议,另一类是专题召开文教战线先进工作者表彰大会,每两年一次。召开这两类大会,常常抽调下面的人员参加会议准备,我被几次派出去采写先进工作者的典型发言材料。至今印象较深的有三人:叶荣春、沈玉珍、单鸿藻。采写他们的优秀事迹,对我来说也是一个学习和受教育的机会。

叶荣春,老叶公社(原根思公社)肖家利小学校长,北庄人。肖家利小学是一所初小,四个年级、两个班、60多个学生、两个教师,复式教学。叶荣春虽为一校校长,但仍兼二四年级班的语文、数学教学。因为学校只有两位老师,没有校工,按规定可以"轮饭",即轮流到学生家里吃饭,所吃饭钱抵算部分学费。但老叶不肯打搅学生家长,怕增加他们的负担,坚持自己做饭吃。家长们称赞他是"校长兼校工,烧火带打钟",把孩子交到他手上放心。

沈玉珍,横垛中学初中语文老师。因为非科班出身,学历不太高,又是民办教师,所以她工作、学习特别认真刻苦,对学生特别关心负责,教学成绩常常在学校同年级,甚至在全公社同年级名列前茅,学生家长、公社干部常常托人说情,要把孩子放到她班上去学习。由于她工作出色,后来被转为正式教师,并调县城城西中学任教。

单鸿藻,北新街小学老校长,我采写他时他已年近花甲。但是,他坚持在教学第一线,从不服老。他家在学校附近,但他坚持食宿在校,和老师们打成一片。他们学校是北新公社一所规模较大的学校,他管理得井井有条,角角落落干干净净。所以,几十年来一直受到学校老师和学生家长的敬佩和爱戴。采写单老校长典型材料那天，我和季建国两人一早赶到学校，简单交换了意见以后，就抓紧时间召开座谈会，丰富了不少第一手资料，然后躲到了他们学校的老师高亮家里动手写起来。高亮熟悉情况，也请他参与了典型材料的写作。"三个臭皮匠，赛个诸葛亮"，我们三个人，连中午也没有休息，晚饭之前写完了初稿，连同一本格子稿纸，由老校长交给他们学校的一位老师，晚饭后负责出清。我们安心地吃起了晚饭，那位负责誊清的老师也在一起吃饭。老校长还特地让人弄了点狗肉，那是他们那里的土特产，冬令食品，非常好吃。散席以后，我们正准备休息，那位老师突然报告初稿和稿纸都不见了，怎么也找不着。这下可急坏了老校长：局里专门派人来为我写材料，怎么出这等事？他很不好意思地跟我打招呼，我理解他的心情，说我们马上再写，好在大部分还记得。于是，我们三人又去熬了个大半夜，就快要好了。就在这时，老校长派人急急忙忙地来告诉我们说稿子找着了！我说也好，再对照一下。原来，在我们走后，老校长怎么也平静不下来，便把有关的老师找来排查，结果发现有一个小孩可能有问题。于是，老校长亲自到那个学生家里说明来意，的确是那个学生眼热那本空白稿纸，连同文稿一起拿回了家。文稿被塞到了奶奶的席子下面，有一张已经到了马桶里，真是哭笑不得。一本空白稿纸竟弄得老校长如此难堪，怎么也想不到！当然，这件意外，并没有影响老校长的会议典型资格,我们压根儿没有对外张扬。

教育局同事印象

在文教局工作的 10 年中,有许多老领导、老同事在许多方面值得我学习。现在,谨以"同事印象"为题,记述一二。

葛玉成

教研室物理教研员,落实政策时文教局把他调进教研室。因其年龄比我们长,我们总尊称他为"葛老"。他上海交大毕业,解放初,在扬州师范学院任教务处长,1957 年被打成右派,遣送泰兴老家根思乡李秀河村监督劳动。他种过田,上过河,挑过窑,什么苦都吃过。"文化大革命"期间,因为村里办起了"五七学校",七年一贯制,小学 5 年加初中 2 年,缺少初中老师,就把他安排到学校做代课老师。毕竟是老交通大学毕业生,什么课程都能教,教学态度好,加上教学得法,同事、学生、家长都敬重他,看不到所谓"劳动改造"的阴影。据说,他批改作文总是面批,而且不怎么动笔,让学生把做好的作文从头到尾念给他听。在他的引导下,什么时候念通顺了,念出表情来了,就算批改好了。那时候,一般要求作文要精批细改,葛老这样做是有点胆大。然而,实践证明这样批改对提高学生的写作水平是有效的。细想起来,这样做一可以防止学生不动脑筋,东拼西凑;二可以引导学生从作文的实质性要求上,去把握写作方法和技巧。通俗地说,作文就是写话,想要告诉人什么话,先说什么话、后说什么话,能说什么话、不能说什么话,总要自己动脑筋考虑好,然后再动笔写作。这正是根本的写作方法和技巧。自己不动脑筋,东抄西挪,即便老师再精批细改,对提高学生的写作能力和水平,效果并不一定好。据传,葛老在作文教学中,曾经有这样一个故事:一次他在课上要求学生把写好的作文都拿出来,学生以为要交给老师批改,谁知他叫学生把写好的作文稿全部撕碎扔掉,再按照原来写的重写一遍。这一要求让学生们懵了,有好些学生不是自己动脑筋写的,而是东抄西拼,驴唇不对马嘴,所以根本就回忆不起来。对葛老这种奇特的作文批改方法和教学方法,我不好意思、也没有必要去核实,既然有效果,又有一定的道理,便由他去了。说实在的,我也一直主张老师的任务不仅仅是传授知识,更重要的是要调动学生内在的学习主动性和积极性,是要教会他们如何学习,葛老这种奇特的批改方法,道理就在这里!

我跟葛老还有另外一段真情在,那就是他对我孩子的关心和教育。我的儿子上小学时,我在政府工作,整天忙得连5分钟的午休时间都是很宝贵的。晚上常常很晚回家,儿子的学习实在无法照应,就请葛老帮我督促儿子晚上学习,并亲自把儿子领到葛老家。几天以后,葛老托儿子带回一张两个指头阔的纸条,真真切切的两个指头宽的纸条,上面写着:"县长,你对儿子的要求不应该是 90 分、95 分,而是 100 分!"意思是说我儿子应该能够得 100 分,所有失分都是因为粗枝大叶,都是不应该错的。后来,我就按照葛老的纸条严格要求儿子,会做的不能错,不能以"我不是不会,下次小心就行了"为托词而原谅自己。"会做的不失分",这不仅仅是小心不小心的问题,一个良好学习习惯的养成,非一日之功!假以时日,果然见效了,我儿子成绩稳定上升了,小学考初中以高分进了泰中,跳好了求学路上的三级跳的第一跳!为第二跳初中升高中、第三跳高中升大学奠定了基础,增强了信心。

徐斐然

我任文教局中教股长时,老徐任中教股副股长。他是我市职业技术教育的发起人。记得在 1977—1979 年的几年间,初中毕业生升入高中的比率不到百分之三十,所以,凌建夫局长要大力发展高中,下决心培训高中老师,这在前文已经说到。但即便是这样,每年还有 1 万多初中毕业生不能升入高中。十五六岁的中学生因为不能进一步升学而窝在家里,"撑门嫌长,闩门嫌短",对家庭和社会都是一个较大的压力。作为政府教育职能部门,就要像大力发展高中一样,大力发展职业技术教育,大办职业技术学校(简称"职校")。然而,由于几千年"学而优则仕"的传统观念根深蒂固,家长们认为上职校难上大学,将来难得"入仕",因而对职校另眼相待。首先,要大力宣传,使人们认识到发展职业教育事业是解决初中毕业生继续升学的不二途径。我记得在一段时间内，徐斐然同志借汇报工作向领导宣传，借系统会议向学校宣传，借各种媒体向社会宣传，真可谓"言必称职教"。其次，服务泰兴经济和社会发展，精心规划职业技术教育学校和专业。先后开办了城南建筑工程学校、横巷建筑技工学校、果园中学化工专业班、向荣五七学校水力挖塘专业班等为工业、建筑业培养人才的职教专业。考虑到我县是一个农业大县，又将孔桥高中整体改办为职业教育高中，开设特种养殖、食用菌、果树栽培、农村会计等专业。由于办学出色，孔桥职高被命名为省重点职业高中。我的印象中张桥高中还开办了幼儿师资职业班，招生、就业形势都比较好。再次，努力办好职教。各学校除了认真教学文化基础课和专业技术课外，还千方百计地与相关企业挂钩，以便给学生提供较好的见习、实习场所；在毕业之际，请企业帮助学生安排就业。不少企业认为：职校毕业学生有一定的专业知识，实用；不好高骛远，好用。不少毕业生成了企业的骨干，有的毕业生已经成了或大或小的老板。尤其是建筑类职业技术学校的毕业生，毕业后成了大大小小建筑企业的"抢手货"，他们为泰兴成为建筑之乡作出了不可磨灭的贡献。职业技术教育的成功实践，使它越来越多地得到社会和家长的认同。家长们里里外外想想，能上职校也好，一是孩子在学校再养三年，家长少操心三年；二是毕竟学了三年的知识和技能,譬如学三年徒,有个一技之长;三是毕业后好坏有个去处,为以后的进一步发展提供了一个台阶。

泰兴的职业技术教育事业,经过十多年的艰苦努力,已经有了长足的发展,和普通高中教育事业基本相当,短板基本补齐,并为泰兴市职业技术教育中心的建立打下了良好基础。在这点上,徐斐然功不可没。

邓庭庆

老文教局中教视导员。1973 年,我被调教研室工作。大概是 1975 年,邓庭庆也被安排到教研室工作,从此我们彼此共事。由于他原来就是局里的大员,"文化大革命"不久就被造反派打成"保皇派"而靠了边,在"深挖五一六"运动中,又莫名其妙地被打成"五一六分子",直到 1975 年才被安排到我们教研室工作。在"文化大革命"中,我们多数人属于所谓"造反派",开始与老邓之间的交往,总有点忌讳和谨慎,生怕不注意说出什么话,无意间碰到老邓身上因为"文化大革命"而带来的伤疤。

随着相处时日的增长,我渐渐地觉得老邓待人真诚,容易相处。而且,了解到老邓之所以在"文化大革命"中被造反派无端地欺负,可能是因为他爱人赵英的大哥有海外关系。其实,老邓本人是老大学毕业生,学法律的,曾在泰中任过政治老师,共产党员,应该是没有问题的。了解了这些情况后,我们倒十分同情起了老邓,跟他的话也多了起来。

　　我同老邓相处最多的时段在两个档口。一是1977年全县初中升高中统一考试命题工作。张翠英负责,10多个人去杭州命题。我负责数学,老邓负责政治。从开始到结束,一直同吃同住同工作,尤其是在印刷厂的几天,可以说是极度疲劳、高度紧张,但是老邓和我们年轻人一样,特别能吃苦,特别认真细心,我还真想不到。二是在招生办公室同事较长时间,我是主任,他是副主任,搭档得很默契。在这一期间,我发现了老邓的两大优点:既坚持原则,又能在不违背原则的前提下,与人为善,尽力帮助别人解决困难。招生工作政策性强,敏感度高,稍不坚持原则,底线一旦被冲破,整个工作将不可收拾。招生工作又关系到千家万户的切身利益和长远利益,如果一个家庭能有一个人考取了大学,转了户口,有了工作,这一家的经济状况和社会地位就很可能从此向好的方向发展,可以惠及后代以及后代的后代。我弟弟曾经说过这样的话,我们的祖辈、父辈世代种田,他们送我们读书,把我们送进了县城,我们又把自己的孩子送到了省城,我们的孩子们将来有可能把他们的孩子送到国外,一代一代的人口迁徙,一步一步的生活提高,谁家都有这个梦想,谁家都指望一代比一代出息! 所以,当人家为招生、上学的事找到招办,老邓都给予理解,能够想的办法、能够出的力都尽量去做,有时还亲自出马去求助于人。一个老同志为别人的事肯放下架子,丢下面子,难能可贵!

还有一件事使我对老邓更生敬佩，那就是把省人民政府表彰先进工作者的机遇让给了同事赵美奢。赵美奢是招办副主任，老邓是主任。那时我已经到了县政府工作，分管教育。大概是 1987 年，老邓专门到我办公室，说："这个是省人民政府表彰的先进工作者，含金量高，家属可以转户口，教育局把这个推荐名额给了招办，我就算了，就上报老赵吧。"我想了一下，也好，那老赵就得谢谢你了！家儿老小都是农村户口，个中滋味我体验了几十年。我家属和孩子们的户口原来都是农村户口，1984 年才转了上来，因为我是中教五级技术职称。所以，老邓如此关心下属，想到别人，我敬佩之余，自然十分赞同他的安排。后来，老赵一家的户口转了上来，安居乐业，其乐融融，多好的一件事！这固然是老赵工作成绩的应得，也离不开老邓的成全。邓庭庆无愧于共产党员和国家干部的光荣身份。

同事中还有许多好的同志，恕难一一记录，谨致歉意。

"教育局工作十年"就写到这里。时隔 40 多年了，有些记不大清楚了，很可能有误，有些扯得比较远，很可能惹人犯嫌。我的意思是回忆那个时代的那些人、那些事、那种作风，让现在的年轻人能够知道过去，不要忘记过去，仅此而已，别无他求。

二〇一五年春写于南京

第三辑

社会变迁杂谈

旧时孩童的用具和玩具

　　孙女们的钢琴就要到家了。为腾出地方安放钢琴，前些时将他们的儿童床拆了。由此我联想到现在的小孩多幸福！吃的、穿的、玩的，要啥有啥，光车子就五花八门，双人推车、单人推车、单人自行车、扭扭车、遥控坐式小汽车，还有各色各样、大大小小的玩具车，小汽车、卡车、吊车、水泥灌装车、火车等等。至于学习用品，如故事书、画画纸，笔更是缺啥买啥，不计价钱，光画画用的笔就有水彩笔、蜡笔、毛笔、五彩铅笔、粉笔，还有油画棒等等。

　　然而，我们小时候用的、玩的，是现在的小孩乃至他们的爸爸妈妈想都想不到的。为了留下记忆，择其常见的几件用具、玩具写出来，因为时隔久远，可能有的说不明白，尽力而为之吧。

"三大件"——火桶、焐桶和栏车

　　火桶主要是小孩从婴儿直到会跑之前睡的床，焐桶主要供周岁前后的小孩站立用的桶,栏车则是周岁前后的小孩的坐车。这"三大件"是在婴儿满月时外婆家要尽可能送给宝宝的家当,随之的还有宝宝穿的衣服、鞋袜以及万年青、满月竹之类的吉祥物。

火桶的大体框架呈长方体,上无盖,下无底,长 120 厘米左右,宽 80 厘米左右,高约在 50—80 厘米之间,四个角的转弯处都呈圆弧形,在离下口 30—40 厘米处有一层留有适当大小的缝和洞的隔板。整个火桶除了上下两套铁质或铜质的扎箍外全是木质的,一般用杉木,材质较轻,不容易变形,且便于挪动。周壁的高度不一样,一头高 50 厘米左右,一头 80 厘米左右,高低之间的过渡段都做成可人的圆弧线,既美观又安全。在火桶里的隔板上铺好被褥和席子,宝宝就可舒舒服服地睡在里面。夏天垫凉席,挂蚊帐,冬天垫上厚厚的棉絮,贫苦人家则垫一块厚厚的、干净的稻草帘,在火桶的下面再放上一只火盆。我想,大概是可以放火盆取暖,所以称之为"火桶"。如果在火桶底部一头的边沿垫上一块木块或砖头,人为地造成不平稳的态势,火桶就可以当成"摇篮",妈妈口里哼着小曲,手上摇着火桶里的宝宝,那是一幅多么和美、温馨而恬静的画面。

"焐桶"在冬天也是可以放火盆取暖的,它的结构与"火桶"类似,靠下部也有一层有缝、孔之类的隔板,可以透气、透热的。只是外形呈圆台状,自然也是上无口下无底的,上口对径 30 至 40 厘米,下口对径 60 厘米左右,总高度 90 至 100 厘米,下部的隔板离地面也是 30 至 40 厘米高的位置。周岁前后的小孩能坐、能站,有的也能走,大人把他放在焐桶里比较安全,如果考虑到小孩久站累了,可以放一张小凳子让小孩坐下歇息。

栏车则是七个月到一岁多一点小孩的坐车。说得夸张一点,类似"敞篷汽车",整车呈长方体,长 80 厘米左右,宽和高 60 厘米左右,全用木条穿成,榫卯结构,后部的适当位置安一块坐板,前部有一块小小的面板,可以放置玩具、饭碗之类,底部的四角各安装了一只木制的小轮,以便推着走。考究的人家在栏车的相关部位还雕上适当的纹饰,如在柱头上雕狮面,在牙板上雕草纹、如意纹等。栏车主要是春、夏、秋天气不冷时用的,还可以推出去玩玩,要是撒尿、拉屎了,用水冲刷冲刷就行了。

现在回忆起来,这"三大件",虽然简单,谈不上华丽,但是实用、安全、环保。

风筝、风车和陀螺

风筝是小孩子们最喜欢的玩具,现在我们家就有两三只,形状各异,五颜六色。过去的风筝不是这样,有小孩子玩的,也有大人们玩的,都是自制的。

小孩子玩的风筝简单而有趣。拿一张长方形或正方形的纸,用两根小麦秸秆分别沿两条对角线穿牢,秸秆一定要长出纸面许多,像燕尾一样,风筝上天以后,长出纸面的秸秆就是两根平衡器，再在对角线的交点处系上放风筝用的细线，成了，就这么简单。在风力适宜的天气，小孩子们玩得也特别欢，屁颠屁颠地跟在风筝后面跑得特别快。

至于大人们玩的风筝就不是这么简单了。不仅不简单，而且还比较复杂和科学，故而顺记之。在自然经济时代，农闲季节，不少有兴趣的大人们，包括一些老人在内喜欢扎风筝、放风筝。他们的风筝不像小孩儿玩的风筝那么简单，而是用竹篾子做骨架，一般呈正方形（也有圆形的），大小不一，大的边长可达 1 米以上。边框的里面必须布置适当的横、竖、斜的篾条以加固框架，一定要有斜着放置的篾条，因为三角形的稳定性最高。框架的两面用纸糊实，最好用既轻薄又结实的纸，如棉丝纸之类。

最不容易的、有一定技术含量的、值得细说的是，在风筝上面还要挂上若干个不同材质、不同大小、不同形状的风铃。就材质而言，多数用瓠子的外壳和竹子，少数金属铜；就大小和形状而言，用瓠子做的风铃，就是类似瓠子的球状，一般是大、中号，大的半径有 15 厘米以上，小一点的半径也在 5 厘米以上。用竹子做的风铃，呈筒状，中、小号型居多，中号对径 15 厘米左右，小号的对径 5 厘米左右。用金属铜管做的风铃，多数是小号的，对径 5 厘米左右。风铃的制作是一件技术活，多数是自己动手，旧时农村春秋季节常常举办庙会，不少庙会上也有风铃卖。据说制作风铃的关键在铃盖和进风口的位置、大小以及方向，弄得不好,不容易达到预想的音响效果。一只大型的风筝上,安上材质、形状、大小不一的众多的风铃,可以同时发出波长、频率不同的声响,浑如交响乐一般和谐、动听、悦耳。即便是大冷天,只要风候好,爱好者们总要出去炫耀一下他们自己的风筝,纵使汗流满面,气喘吁吁,也是乐在其中。我想,大型风筝的风铃及其制作技巧,可以纳入世界文化遗产的征集和保护之中。

风车作为孩子们的玩具,无论过去和现在,都是最常见、最简单、最安全的玩具之一。现今风车的叶轮多用蜡光纸或薄型塑料片做成,五颜六色,十分抢眼,手柄采用塑料管材,套筒式居多。价格不贵,也容易坏,宝宝们要买就买,丢了、坏了大人们也不上心。过去的风车则更是因陋就简,就地取材。叶轮找一张厚一点的纸就行,带彩儿的更高兴,大小无所谓,大纸做大风叶轮,小一点的做小风叶轮。有趣的是把柄的材料和做法,找一根长短、粗细合适的高粱秸秆,秸秆的外皮光滑且比较坚硬,里面则充满了比较松软的白色的填充物。只要用一根既细又硬的竹梢作为风车叶轮的转轴,将其插进高粱秸秆里,风车就这样做成了。孩子们拿着自制的土风车,对着风,风叶呼啦啦地转,小腿滴溜溜地跑,小口咯嘎嘎地笑,大人甜蜜蜜地瞧,真是一幅活脱脱的同乐图。

陀螺也是孩子们的传统玩具之一,而且是越来越高级,越来越花俏。过去的陀螺非常简朴,然而其中的科学道理完全一样。最常见的是用砖头磨成一块圆锥状，高10厘米左右，顶面圆直径5厘米左右，也有用硬质木块削磨或用旋车切削而成圆锥状的陀螺。陀螺做好了，加上一根土制的抽打陀螺的鞭子就可以玩了。这种陀螺用抽打使之旋转不停，所以又被称为"打不死"。还有一种小玩意儿也叫陀螺，自制起来更为简单。用一枚小钱，即一文铜钱，在其中间的小方孔里穿一根长3至5厘米左右的高粱秸秆，再在秸秆中间穿插上一根火柴作为陀螺的旋转轴，砂头在下端与台面接触。这里有两点小技巧：一是高粱秸秆不宜长，铜钱不宜在秸秆的正中而应偏近于火柴砂头的那一端，这样才能使陀螺的重心低一点，旋转起来平稳一点；二是最好用长一点的火柴，使两端都露出高粱秸秆，这样用手指在上端捻转轴时，只要捻一下细细的火柴杆，力偶小，稳度大。如果直接捻高粱秆，半径大一点儿，力偶也就大一点儿，旋转起来稳度就小一点儿。一个小小的、简陋的陀螺，也含有一些科学常识，只是当时做的人不一定知道而已。

滚铁环、踢毽子、跳格子

这是旧时孩子们最常见、最方便的娱乐活动项目。先说滚铁环，特制的铁环很少，多数用一件圆形环状物替代，如木桶上废弃不用的箍，铜质的、铁质的、竹篾的都行。也有用铜脚炉盖子，还有用竹篾、细树枝扎成的圆环等等。

滚铁环用的叉子则更简单，用高粱秸秆折成就行，活动场地不需要多大，晒场、路上都行。

踢毽子的场地则更灵活，随时随处都可以进行。毽子都是自制，一般用铜钱做底座，用公鸡的漂亮的长羽毛插在底座的羽毛杆上，主要起平衡作用。有的毽子则更简单，用一块布包上一块小石头或铜钱甚至一两块小的铁质垫圈作为底座，紧挨着石头或铁质圆件扎牢，然后再把余下的布剪成一根根细条条，以替代羽毛的作用。也有用布包石头做底座，用细纸条做羽毛。细心的家长特意选用彩花布条或纸条，孩子们特别开心，还常常拿出去在小朋友们面前炫耀、比胜。

跳格子的游戏更简单，在晒场上画多少不等的方格子，6、8、9、10格不等，游戏规则比较多，我也记不起来了，小孩子们在格子上跳来蹦去，玩得可乐呵！

旧时孩子们的用具、玩具，虽然受经济、物质条件的限制而简陋，但是孩子们玩得照样开心。而现在的孩子们虽然都是"小皇帝""小公主"，但是"不能让孩子输在起跑线上"的年轻的父母们，给孩子们的自由度太小了，连玩的时间和机会都很少，多可怜，甚至是可悲，我真替宝宝们鸣不平。

小时候冬天里的生活

2020 年元旦,二九的第二天。将近九点钟,我到菜场买菜。天气不冷,完全没有农谚所说"一九、二九不出手"的感觉。菜场上还见到一个时尚的家庭主妇穿着毛裙,颇能引人眼球。此时此刻,不由得使我想起了我们小时候冬天里的生活。这段"小时候",大体界定在我从记事起到 1957 年秋上高中之前。

天气寒冷得多

农谚"冬前三次雪,庄稼稳如铁",是在说我们小时候,冬至前常常下雪,土壤含水量充足,庄稼不容易被干冻致伤。

"交冬数九"以后,天气渐入冰冻模式。"一九、二九,相拢不出手",意为双手常常相拢在衣袖之中取暖,很少暴露在外。"三九、四九冰上走",则说河水开始结冰,随之气温越来越低,冰越结越厚,厚到可以在河冰上走人的程度。家乡有条古马干河，西起长江边的马甸，东至与如皋相邻的古溪，是我市境内北部贯穿东西的干河之一，足有 30 米宽的水面，也常常被局部封冻。我家东、西两边的小沟里，水面狭窄，河风小，冰结得更厚，小伙伴们常常在河冰上玩耍，有时还在上面"拷砖"。拷砖是我们小时候伙伴们的一种玩法，即以砖打砖，谁能在规定距离之外一次打中目标，就算赢。赢的小孩子常常高兴得笑起来、跳起来，也常常不小心脚下一滑，重重地摔在冰上。没关系，拍拍打打身上的脏物，接下去再玩。

屋檐下常常挂凌砣。凌砣，泰兴方言，是指从屋檐或树枝上流下来的水珠，随时结冰并渐渐累长而成的冰柱。有些人家刚洗的衣服晾到室外，从衣服上滴下来的水珠则立即变成凌砣，真可谓"滴水成冰"！

记得 1954 年夏秋，家乡泰兴段长江决堤，从西到东，一片泽国，秋熟庄稼几乎颗粒无收。我那年正好到霍庄初中上初一，开学那天，是我大哥用小罱泥船顺着大方向一路撑到学校，根本无法分清哪里是河、哪里是路。是年冬天，老天无情，又降冰凌（泰兴方言叫"落朔"，气象上的行话叫"冻雨"），状如一条条细细的冰柱、一片片大小不等的冰片，麦子全部冻死，无一幸免。

1956 年冬天，我在霍家庄初中读初三。室外气温零下 12 度。临放寒假前连降暴雪，看不到一点儿路影。我们踩在齐到踝骨的雪里，一步一个塘，好不容易走到了家，十五里的路程足足走了半天。

近十几年来，可能是受厄尔尼诺现象影响，暖冬较多。还是在2007年年底到2008年年初，天下了好大好大的雪，小区水榭前面的水池里结了好厚好厚的冰，那时，我们家双胞胎宝宝刚刚来到这个世界，就经历了老天爷冷酷的洗礼，我记得很清楚。自那以后，几乎没有好好地下过几场雪。现在的小孩子见到天下雪，稀奇得很、高兴得很，蹦蹦跳跳地拉着爸爸妈妈到外面去赏雪、玩雪。只是地上积雪很少，打雪仗、堆雪人，玩起来很不爽。

上学特别辛苦

我小学低年级是在老家的初小，虽然天气很冷，但在路上的时间不长，容易熬过去。可是进入高小以后，则要到五六里路外的严家堡小学，走一小时左右的路程。冬天白昼特短，每天天不亮就起床，急急忙忙吃过早饭往学校赶。在家里是暖和和的被窝，热乎乎的早饭，到外面则是呼呼的西北风，透骨凉的寒气，冰火两重天。走到一半路程以后，身上才有点热气，开始转过阳来。

在课堂上，脚冻得疼，不能叫出来，只好用脚腕在课桌下面不停地转动来取暖。下课铃一响，同学们争先恐后地到室外墙边晒太阳，玩"挤麻油""斗鸡"等游戏，以便取暖。"挤麻油"是家乡孩子们在冬天里一种取暖的游戏，大体规则是几个、十几个小孩贴墙、挨次站在一排，从两头往中间拼命地挤,谁被挤出就算输。输了的有各种说法,如学狗叫、刮鼻子等。

中午放学回家,天气倒没有了早上那么冷,但是路很难走。那时都是土路,早上冻得硬邦邦,中午有很多地方化了冻,又烂又滑,靠身的衣服常常被汗水浸湿,很容易感冒。在一些特别的天气里,如括大风、下雨、下雪,中午就不回家吃饭,而是在前一天晚上抓两把小米放到热水瓶里,灌满滚开的"宝塔水",第二天带到学校。经过十几个小时的焖泡,到吃午饭时小米烂熟而不烫口,再就着两根酱萝卜,爽口又暖和。在我们家乡,那个年代能有小米粥吃,是家境较好的人家里老人、小孩才能享受的待遇。

我们冬天里上学辛苦,主要是天气太冷。一般的小孩上身、下身都只有三层衣服,靠身的内衣、中间的夹衣和外面的棉袄、棉裤,不少小孩没有夹衣,被人戏称"空心大老官"。还有的小孩没有棉裤,而是套裤。所谓套裤,只有两只裤管,没有腰身。完全不像现在的小孩,毛的、绒的乃至皮的,全副武装,飞禽走兽用以遮体、御寒,天赐之物被人类开发利用到了极致!

至于在学习上的压力,我们小时候几乎没有。那时,家长们有文化的不多,小孩能读到什么学校就上那个学校,甚至有的家长对孩子的愿望只是上几年学、识几个字、认得个倒顺就好。

而今,"绝不能让孩子输在起跑线上"是众多年轻父母的共识。他们为了孩子的将来,选读各种各样的补习班、培训班,购买小学、初中的学区房。为此,家长们经济上和精神上的压力都相当大,孩子们精力上的透支,精神上压力也很大。许多家长都知道这是当今中国教育的误区,但是谁也无法无视这种现实,只能选择从众行事。

农闲时的闲活

农谚"立冬种晚麦,小雪住犁耙",意思是说立冬时节,播种接近尾声,过了小雪时节,农事活动基本停止,农村进入冬闲模式。大人们多数时候蹲在家里,有时做些手头上的活儿,有时就着火盆烘烘火、取取暖,有时三三两两的人在一起聊聊天、拉拉家常。我们小孩子放学在家,没有像现在的寒假作业之类,也便跟着分享大人们的快乐。

一是编织苫(泰兴方言读若"现")子。苫子是农家在雨季用来遮盖堆放在晒场上的粮食的草帘子。它是用小麦秸秆编织而成。这是一种技术活。第一步,搓"串子绳"。选拔一种叫芒棵的草心,晒干,很有韧性,再将其手工搓成两股头的细草绳,泰兴方言叫"串子绳"。第二步,备好小麦秸秆。秸秆要长、齐、干净、结实。先将挑选出来的小麦秸秆用专用铁齿耙删去秸秆上的草皮屑,再用手工把秸秆打理得光亮、挺直,以便遮雨时下水快捷。第三步,自制简易的织苫子器具,叫"帘机子"。找一根旧椽子或类似的木棍,在其上钉两、三个木楔,木楔上端中间各开一个缺口,再在橡子的一端钉上一块小挡板,然后,把它固定在家用的高板凳上,成了。第四步,在帘机子上编织草苫。用"串子绳"作为经线,打理好的小麦秸秆视作"纬线"。第五步,或将编制成的草苫卷成长卷,以便盖粮堆时需要多长就围盖多长;或将草苫的一端用麻绳扎紧扎实,撒开以后成圆锥状,专用来遮盖粮堆的顶部。这就是农民们朴素的未雨绸缪。

二是做针线。这几乎是女人们冬闲时的主要任务,针线活主要是做鞋、袜,极少数会裁剪衣服的则缝制棉衣、棉裤和小褂子(内衣)等。那时候,大人、小孩的鞋子都是一针一线用手工制作。特别是纳鞋底,厚厚的布底,密密麻麻的针脚,可算是母亲们、姑娘们夜以继日地辛勤劳动的"工艺品"。解放初期那个农耕时代,能有双球鞋、"洋袜"(针织袜)是让人羡慕的事。所以,再穷的人家,过年总要给孩子们做一双新鞋。过年期间,小孩子们有一双新鞋,总喜欢在同伴中间显摆。新鞋几乎成了妈妈和孩子们共同的脸面。

抽着水烟聊天

解放初期,农村冬季休闲活动,无所谓什么设计或计划,活动内容也为数不多,但这是农民最乐和的一段时光,有些镜头至今难忘。那种浓浓的慢生活趣味,让快节奏的现代人好生羡慕。

镜头之一：几个稍微上了年纪的老人聚在一起聊天。每每的，主家自然会礼节性地捧出一把水烟袋来招待老邻居。在我们家乡，抽烟的人多数是抽水烟，抽旱烟杆的很少。

水烟袋是旧时抽水烟的专用工具，现在少有生产，再过十年、二十年，水烟袋可能就成为古董了。因此，我想从史料的角度，较为详细地介绍水烟袋及其使用方法。

水烟袋造型奇特有趣，多以黄铜或白铜为制作材料，考究的也有用银或锡制作。水烟袋主要由烟管、吸管、盛水斗、烟仓、通针、手托等部件组成。烟管的上端是烟碗，装烟丝用，其下连接一根细管，插入水斗的水中。水斗多呈圆柱状，底径 3 至 4 厘米，装水用。也有方形的，不多。吸管一般长 30 厘米左右，也有更长的，上端向后弯，以便于吸烟。吸管的下端插入水斗中，但是必须在水斗里水面之上。

烟管、水斗、吸管为一个整体，这是水烟袋的主体功能部件。其原理是吸烟时，烟由烟管进入水仓，经过水过滤，可以去掉大部分的杂质和有害气体，烟味醇和。关键是水仓里的水位高低要控制好：水位低了，烟管插入不到水中，烟从水面上直接进入吸管，达不到去火除杂的作用，犹如旱烟枪；水位高了，容易将苦涩的烟水吸入口中。如何才能控制好？考究的说法是含一口茶水，从吸管里慢慢地吐入盛水斗中，再试着吸气，盛水斗轻松发出"咕噜噜""咕噜噜"的声响，装上烟丝以后，因为气流减小，"咕噜噜"的声音就会拉得更加绵长,一种节奏分明却又悠悠不绝的声音,听起来颇有几分悦耳。

烟仓专用于存放烟丝,结构简单,也多呈圆柱状,上均有盖,以防烟丝风干。手托主要起连接作用,其结构就稍稍复杂一些。一般是整体浇铸。其外壳状如长方体,长 10 厘米、宽 5 厘米、高 8 厘米左右,抓托在手中大小合适。手托的底面和侧面都是被封实的,只有面板上留有两个大圆孔,孔径同水斗、烟仓的底径,以便水斗、烟仓一前一后插入其中,水斗和吸管在前,烟仓在后。在两个大圆孔中间狭窄的面板上,左右两边各有一个小孔,一个插放通针,一个插放纸煤儿卷条。

通针用于清理吸管及烟管里的烟垢。纸煤儿不是水烟袋的构件,而是用来引火吸烟的纸卷儿。别小看了这个小小的纸煤卷儿,它的制作和使用要有一番逐步学习和适应的过程。水烟袋的烟碗大的只有拇指大,秀气的就更小些。吸烟时,一次只能吸食一窝,而且每次需要重新点火。那时候没有现在的打火机,甚至连火柴也没有,取火要用原始的打火石或火镰。于是发明了纸煤儿。纸煤儿一般用粗纤维火纸卷制,考究的用毛边纸手工搓成不松不紧的纸卷儿条。准备吸烟了,点燃纸煤儿,不紧不慢地燃着红红的灰烬。等装好了一窝烟,将暗红的火头送到嘴边,撮紧嘴唇,送出一段急速而短触的气流,火头一红,随之气流戛然而止,一团明火耀上纸煤儿的端头,我们叫用"亮火"

吸烟。这个技巧不容易掌握，气流慢了、长了、强了、弱了，都不容易吹出明火；纸煤儿太松，形不成暗红的灰烬，一下子就烧完了；纸煤儿太紧，火种容易熄灭，吹起来也不容易着火。

顺便说一下，吸食水烟袋还有一宗本领就是吹烟屎。一窝烟丝抽完，只剩下一团暗红的灰炭，称为"烟屎"。将烟屎从烟碗中吹出来，老烟民只需将烟管稍稍提起，使烟管的底端离开水仓的水面，再从吸管中轻轻一吹，带着淡淡烟雾的口气经过水仓水面由下往上吹出，将烟屎带出烟碗。这里关键的技巧是吹的力度要合适。力度稍大些，水仓里的烟水就要喷涌而出；力度稍小，只有火星从烟碗中蹦出来，带不动烟屎。没有这个技巧，只好将烟管抽出来，将浸泡在水仓烟水中的一端凑在嘴边，再将嘴唇撮成 O 形，用力一吹，烟屎应声而出。实在不行，就只好动用通针了。在两个小孔中间，有的还有一个小小的柱扣，用于扣挂到吸管接口处的装饰性链条。

水烟袋不仅有吸食水烟的功能，在民国以前，常常是高官、雅士身份的象征。考究的水烟袋，在手托部位或雕刻图文，或镶宝石，或嵌墨银，或烧珐琅等。其纹样有花、草、虫、鱼、鸟等简洁而生动的实物画，亦有吉祥图案、诗词联句等。还有在烟嘴处以翡翠、玛瑙，或在连接处以金银镶嵌。有的竹制的水烟袋，往往也别有风味，成为他们的收藏品。各式的材制再加上有趣的造型，水烟袋遂成上层

人物的把玩之物，或成为一种工艺品。据载，慈禧太后"好
这一口"，唯独钟于吸食水烟，既高雅，又卫生，既能过瘾，
又能增加几分闲情逸致。在慈禧的随葬品中，就有铜水烟
袋、银水烟袋和银潮水烟袋。

我们农家，一般都用普通水烟袋，一个人吸上两三盅
后，会用手在吸管口抹一下传给下一个人，以示"卫生"，
其实，手抹也并不卫生。即便这样，也算是那个时代的一
种文明礼貌。一把水烟袋，就这样我接到你，你接到他，他
再接到我，转了一圈，再来一圈。老哥儿几个吸几口烟，
说一句话，或说一句话，吸几口烟，时而还传出一阵阵欢笑
声。加上"咕噜噜""咕噜噜"的节奏声以及不时从嘴里
呼出来的烟雾缭绕，一切都显得那么和谐、温馨而悠闲。

烘着火盆喝酒

镜头之二：老人一边用火盆烘火，一边炸花生吃，有的
还一边就几口小酒喝喝。在我们小时候，不像现在有空调、
暖风机、暖宝宝等各式各样的取暖器具，一般农家就是用火
盆取暖，少数考究的人家才有暖手炉，铜质、扁圆形，而且
多数只为老人备用。

农家的火盆就是一个陶钵，口径 30 厘米、高 20 厘米左
右。下层垫上适量的草木碎屑，其上覆盖锅膛里的火灰，火
灰慢慢地点燃下面的草木碎屑，火盆上面和外围的钵体正
好取暖，不烫也不凉。在火盆上面还可以温酒、炸花生。当

老人用火盆取暖、炸花生、温酒时,常常会把小孙子叫来,让他们蹲在旁边,蹭几颗花生解解馋。小孩子等不及时,伸手到火盆里抓花生吃,老人家便急急忙忙拉开宝宝的手,又心疼又宠溺地吼道:"烫死怹!"随即挑选几颗要熟的花生塞进小孩子的嘴里,免得他们哭闹不停。好一幅天伦之乐图!

晚上听说书

镜头之三: 听书。所谓听书,就是听说书艺人说书。这里的所谓艺人并非什么科班出身,但都是文化人,有的也曾拜师学徒。他们精熟于常见的古代神话、演义,如《三国演义》《隋唐演义》《水浒传》《封神演义》等等。一般的,他们天资聪慧,记性好,音色、音质也颇佳。说书的主要内容就是上述演义、话本之类,有时全本,有时折子,如耳熟能详的"仁贵征东""丁山征西""罗通扫北""薛刚反唐""诸葛亮借东风""刘备东吴招亲""火烧赤壁""武松打虎""哪吒闹海"等等。他们长衣大褂,举止斯文,谈吐温和,很受主家尊重,一般食宿在主家,俨然以"先生"相待。他们的行头也很简单,一鼓一锣,一槌一棒。说书时,右手管敲锣打鼓,拇指、食指管鼓槌,中指、无名指加小指管锣棒;左手腾空,以便说书时做适当的手势,或者口渴时用几只手指抓起茶盏喝上几口茶水。

主家延请说书先生说书,一般安排在冬闲时节晚上。

夜间很长,听书的老人早早地带张小凳,占个好位置,不要多长时间,主家的堂屋里挤得满满的。有时,还有三两个大姑娘也来听书。她们在旧时少有机会上学读书,能有一个听书的机会,像放了赦似的,一路高兴到书场,不声不响地找个角落坐下来等候"开锣"。

　　主家看到时间差不多了,便请说书先生开场。先生慢条斯理地喝上口茶,惊堂木一拍,堂下鸦雀无声,"话说天下大势,分久必合,合久必分"。堂上说得有声有色,堂下听得点头晃脑。堂上堂下,浑然一体。听书的姑娘们第二天还要复述给同龄的姐妹们听,脸上带着几分骄傲劲儿。

过年的习俗和生活

　　我们小时候最期盼的是过年,现在叫过春节。春节是中华民族几千年来的传统节日,家家户户特别重视。当时学校一般在腊月二十左右放假,我们在家什么事也没有,不像现在的学生有各门功课的寒假作业和名目繁多的课外补习。我们天天早上睡懒觉、捂被窝,心里数着还有几天过年,盼望着能穿上新鞋、新袜、新衣服,吃上鱼、肉、大米饭。大人们则是随着春节的脚步一天一天的临近,办年货、治年事,一天一天地计算着做。

腊月里的筹备

　　过年最早的筹备工作,是腊月十六开始做豆腐,讨个好兆头"头富"。做豆腐,既是个苦力活,又是个技术活。原来是以我父亲为主。随着我大哥一年年长大,渐渐地转以大哥为主。我们家弟兄五个,还有一姐一妹,父母负担重。大哥为了我们弟妹,未能上几年学,而是跟在父母后面摸爬滚打。他吃苦最多,贡献最大,农家的本领也最大。当锅摸灶、耕田耙地、抛粮撒种,样样在行。打我记事起,我家的大事小情,都少不了大哥。

腊月二十三夜"送灶神",当晚,要把大人、小孩的鞋子倒扣着放在床前的踏脚板上,一双也不能少。有的人家指望新添一个"丁"(指男孩子),还特地多摆放一双男宝宝的鞋子,以备灶王老爷下界"查户口"。

腊月二十四夜前要"掸尘",就是打扫卫生。家里的每个角落都要打扫得干干净净,以接送"灶王老爷",这是男人的事。

二十四夜以后要安排做馒头了,从调制馅儿到馒头出笼,主妇们要忙乎好几天。蒸馒头那天,一般要请帮手,多数是邻居之间打伴工。做馒头这天,我们小孩子也跟着忙前忙后,能做的事除了放开肚子吃馒头以外,就是把刚出笼的馒头帮着摆放到长竹匾里凉透。要事先将竹匾洗干净,均匀地铺上干净的小麦秸秆,再把馒头放在秸秆上面,既不容易粘在晾匾上,下面又透气。还要注意不时地将馒头动动,以免粘在秸秆上。

"不管有钱没钱,洗洗干净过年"。所以,妈妈们从腊月二十以后,就要盯住老天,趁好太阳把家里大人、小孩的衣服、鞋子、被子、帐子,统统洗个干净。那时,没有自来水、洗衣机,全靠手洗,有时要在冰冷水里泡几个小时。特别是洗帐子,非常繁重。因为那时的帐子,都是方顶夏布帐子,既大又重,要到港河里去洗才能把帐子摊开、施得了手脚,要不就到水井边把帐子放在澡盆里,反复泡洗多次才能洗干净。洗好以后,要把帐子用帐杆竹子穿好,两头分别挂在两棵树上晒干,这必须两个人协同动作才行。

年三十的忙碌

临近大年三十,当家人要请财神、灶神、福字、对子(春联)纸、喜笺、香烛等。那时的春联、福字,不像现在都有现成的卖,要请庄上的文化人书写,各家各户不同内容、不同字体、不同水平,倒也是一道新春大年的风景线。有的人家虽然文化水平不高、字写得不好,但是坚持自己写,别有一番风情。不像现在的春联和福字,一色的印刷品,几乎无有审批和控制,致使有的福字、春联书写水平较低,实在不敢恭维。

大年三十,是各家各户最忙碌的一天。男主人以请福字、喜笺、贴对子等庄重的事为主。特别是晚饭前后,主人要亲自备齐供品,点燃香烛,敬菩萨、敬祖宗,以十二分的虔诚祈祷来年全家万事如意、好运连连。

妈妈们则忙着做年夜饭,有的早上就开始动手。按照我们家的习俗,除了红烧肉、红烧鱼外,有几样菜是必须的,一是红烧豆腐,寓意"头富"。妈妈做的油炸豆腐块,2厘米见方,四面金黄,外脆里嫩,怎么也忘不了。二是清炒芋头,寓意"遇好人、交好运"。香禾芋是我们泰兴地区的特产，肉质紧实，口味醇香。先把它蒸熟（或煮熟），然后加油、盐清炒，加一点点水，撒一小撮清蒜末，类似于椒盐芋头，超好吃。三是荞面饼，我家叫它为"顺气饼"。因为荞面不仅营养丰富，而且是产气食品，吃了以后，容易上下通气。先将适量荞面粉和少许姜末、清蒜末，考究的还加一些肉末，搅拌均匀，再加水调成糊状。最后，用油煎到两面泛黄，外皮起脆，即可上桌。考究的时候，用肉汤再泡煮一下，香软味足。现在的年轻人多数吃不惯荞面饼，因为荞面制品近乎灰黑色，我们老一代的都喜欢吃。解放前后，我们泰兴还是旱谷种植结构。因为荞麦生长期短，只有 45 天，可以在秋季插播一茬，以提高复种指数，增加产量。所以，在那时，荞面几乎家家都有，是家常食品。吃法丰富多彩，可以摊饼、烧汤、做扁团、擀面条，各是各的风味。自从推广稻麦两熟制以后，荞麦属小杂粮，产量少，家里人常把它当作春节礼物带给我们。

红烧豆腐、清炒芋头、荞面饼这三种素食材，都是自家地产的，平时也经常吃到。所以，一般早早地做起来，我们小孩子见一样吃几块，几乎把小肚子填饱了。红烧鱼、红烧肉，农家平时不容易吃到，总要有大事或重要客人来，才舍得买鱼买肉，小孩子也跟着沾光，蹭一两块。这两样荤菜下午才动手煮，按我们家的习俗，在大年三十和初一，鱼是不作兴吃的，要"余"着；红烧肉在大年三十是尽管吃的，而且总是先把大块瘦肉给小孩子吃，可惜的是小肚子也装不了多少,而且还要留点空间到晚上吃大米饭等其他好吃的。

大米,在我们小时候算是奢侈品,只有逢年过节才舍得到粮铺买少量家用。那时,泰兴全境,除沿江高港、永安洲、天星港、七圩港等几个乡镇外,其余都是旱谷地区。夏熟以小麦、大麦、元麦为主,秋熟则是高粱、小米(稷子、粟子)、山芋、芋头、花生、胡萝卜以及豆类等各式各样的杂粮。所以,一年到头、一天三顿,几乎都是糁子粥。谁家能抓一把大米放在糁子粥里打底(泰兴方言叫"搅锅"),那是令人羡慕的生活。泰兴俗语"糁子粥,米搅锅,肚子吃得着地拖",就是这种向往的真实写照。直到1958年"大跃进"年代,才开始在境内古溪一带试种水稻。与此同时,全县开始有计划地调整水系,变淮河水系为长江水系,引江水灌溉,土壤因有红江泥不断的沉淀而逐步得到改良,种植结构逐步由以旱谷为主调整为稻麦两熟,大米也随之进入普通农家。

除夕晚上,一家老小,长幼有序,围坐在一起,好吃、好喝,你敬我爱,其乐融融。和近些年来时兴的酒店除夕大聚餐相比,少了一点喧闹和攀比,多了许多安静和温馨;少了许多劳碌和辛苦,多了一点农家风和获得感。

年夜饭之后,男主人们还有许多重要的、礼仪式的事情要做。一是请灶神。按传统习俗,腊月二十三夜送灶神,除夕晚上虔诚地请灶神,并贴上一副对联:"上天言好事,下界保平安。"

二是屯屯子。所谓屯屯子,就是在篾制淘箩或绢纱制成的箩筛里,装上适量洋灰(即经过风化了的白石灰粉),在室内室外的角角落落打印上圆形石灰印,寓意为粮囤。到门前晒场上还常常用石灰印或石灰线组合成元宝、万年青、"福"字等吉祥图案。室外的道路交叉口,也常常画些宝剑、太阳之类的图案,寓意避邪驱灾、前程光明。

三是守岁。那时的守岁才叫个真心实意,没有现今的春节联欢晚会,没有人手一部手机,就连一台收音机也没有,家人们的棋牌娱乐更谈不上,硬是在如豆的小油灯下静静地等候。刚刚到子时,主人便洗脸更衣,点烛敬香,作揖叩拜,向菩萨、祖宗祈求所愿。然后,第一时间到井上去挑"盛水",讨个家运旺盛的好兆头。

年初一大拜年

大年初一是一年之中最喜庆、最快乐、最轻松的一天。各家各户,春联、喜笺红彤彤,大人、小孩笑呵呵。拜年的一拨又一拨。最积极的是孩子们,早早地起来,穿上新衣、新鞋,先拜了家里的长辈,然后到左邻右舍挨家挨户拜年,每到一家,主人都要发几块糖,袋里装满了,送回家,再去拜年、"拜糖"。第二批就是大人了。常常是一大家子里的弟兄几个约在一起,三五成群,结伴而行,左邻右舍拜上一圈,一家也不漏落。我们家那个生产队近 20 户人家,四个姓:李、顾、季和严,李姓门房最大,严姓只有一户,而且家境贫困,住在离多数人家较远的砖窑旁边,但老严为人厚道,勤劳朴实。每年大年初一,大家也都到他家去拜年。至于老人、长辈们则是第三批,往往要到下午才出去串串门,相互间拜拜年,抽抽烟,拉拉家常。

大年初一,是农家一年之内互动最广泛的一天。拜年的话,就是所谓"初一子的话",都是喜话、奉承话、吉利话。概言之,都属于"老人家身体健康,年轻人事业兴旺,小孩子天天向上"之类内容。还有人在大年初一这一天专为人家送福字、送财神的,也有少数人唱道情、舞龙的,都说"初一子的话",主家少不了给几个馒头、几条年糕,也有不少主家直接封喜钱给上门来贺喜、送福的。一切都喜气洋洋,福气满满!

大年初一,也是最轻松的一天。大人、小孩,什么事都不做,除了吃,就是玩。拜了年以后,小伙伴们三五成群,戤打儿、搭靶儿、打麻将、扒纸牌,各式各样。老人们还是一边"咕噜噜""咕噜噜"地抽水烟,一边拉拉家常。至于吃饭,自然是好的哦。早上枣子茶搭馒头,中午有鱼有肉,还必须要有青菜煎豆腐,寓意"请财见头富",晚上则是菠菜下面条,再滴上几滴醋和麻油,醋和麻油这两样调味品,一般农家平时是舍不得买的。

我们那里还有个习俗,所有需要动刀的菜都要大年三十就择好、洗好、切好,连豆腐也都是切好的。大年初一忌讳动刀、动铲、动针、动剪,女人们连针线活也不作兴做。

初一这天的规矩还有许多,如不作兴洗晒衣服,以免玷污了太阳神;不作兴倒垃圾,以免得罪了土地神;也不作兴扫地,以免把财气扫出去。几乎什么事情都不要做,吃好玩好就好!

走亲戚看大戏

初二以后,继续拜年,主要是亲戚之间相互拜年,尤其是女儿要回娘家拜年,几乎成为约定俗成。女婿普遍地拎两包茶食,或红枣,或京果,或桃酥,作为对老丈人、丈母的见面礼。那时的茶食,纯天然,零添加,包装也十分简易,里外两层纸,里面是一层薄薄的"油光连纸",外层是薄型牛皮纸,在外层的牛皮纸上,还常常印透着斑斑油渍。但是,茶食的打包很考究,四角见方,上面还加封一块四方红纸,以示喜庆。这使我不由得想起了当下的食品、礼品,种类繁多、身份华贵、包装过度,简直不可同日而语。

拜年是一个较长的过程,"拜年拜到十五六,新鲜馒头新鲜肉"。话虽这么说,主要是在初五之前。

在初二到初五的新年头里,几乎天天都有文娱活动到村上演出。这种春节文化现在是鲜见的了。这些演出,除了乡政府年年要组织一支演出队外,不少村也积极组织文娱演出队。演员都是庄上的年轻男女,也有年已半百的老戏骨参与其中,或敲锣打鼓,或弹琴吹笛,或登场唱唱跳跳过把瘾。他们爱好文娱活动,无需专门舞台,不计任何报酬。到哪里，锣鼓一响，打个圆场，村民们蜂拥而至，演出就开始了。演出结束时，有的村里会分发条把香烟和斤把水果糖给演出队员，以表谢意。演出的节目，就是撑旱船、挑花担、打连抢、打腰鼓、跳秧歌以及表演唱《小放牛》等传统节目，虽然是"下里巴人"，但在那时，足以满足农家人的文化需求，让他们快乐几天。

在我们家乡周边，有几个村的文娱演出队阵容整齐，表演水平较高。记得毛家庄、张家庄的演出队在当地名气较大。张家庄演出队的领队叫杨宏亮，还是一个小学教师，常常亲自登台表演。这些演出水平较高的演出队，在天气晴好的晚上，他们常常在大庄上搭台演出，除了上述的"下里巴人"之类的节目外，还常常有黄梅戏、越剧、锡剧、扬剧等传统的折子戏。一到晚上，男女老少，嘻嘻哈哈地从四村八乡、东南西北来赶场。散场以后，三五成群，谈笑风生，回家美美地睡上个好觉。

初五迎财神

正月初五，是迎财神的日子。许多人家在初四晚上特地用两只红烧猪手敬财神菩萨，寓意"招财"。记得小时候，敬财神菩萨本来没有我们小孩子的事，但每年我都要陪着大哥熬到初五的时辰，等敬好财神，蹭两口猪爪子吃，现在说起来真不好意思。其实，就是不陪在大哥身边，大哥也要把我们弟妹叫醒，一个人吃上两口。这一套程序结束以后，大哥照例在第一时间到井上挑"盛水"，图个吉利，讨个好彩头。

过了初五，年味儿渐淡，春意渐浓，冬天的脚步越走越远。一般的，"立春"时节都在春节前后。"立春"这天，不是五九尾，就是六九头。"五九六九，隔岸看柳"，柳枝儿开始报青、放蕊了。再下去，就是"七九河开，八九雁来，九九加一九，耕牛遍地走"，农家着手准备春耕春种。"我们小时候冬天里的生活"就写到这里了。

2020年清明前夕写于金陵儒林雅居

"大跃进"年代的恶作剧
（1959—1961）

　　1958 年，国家提出了社会主义建设时期的总路线，"鼓足干劲，力争上游，多快好省地建设社会主义"。从此以后，我国的各项建设事业开上了快车道。平田整地、改造山河，大炼钢铁、赶超英美，公社化、集体化，共同奔向共产主义道路等等，大江南北，长城内外，到处热气腾腾，大干快上，到处红旗飘飘，高歌猛进。

　　那个时代，人们的精神状态好，思想单纯，组织纪律性也比较强，社会主义建设事业取得了不可否认的成就，尤其是大搞农田水利基本建设，为粮食生产的稳产、高产打下了坚实的物质基础。

　　但是，随之而来了共产风、浮夸风，急功近利、好大喜功、不按科学规律办事，加上自然灾害，致使人民生活极度困难，社会主义生产力遭到了严重破坏，甚至干出了许多现在看来是常人不可思议的蠢事，有的近乎恶作剧。

大炼钢铁

当时,国家提出了钢铁生产超亿吨的目标,全国上下积极响应国家号召,除了大的钢厂外,各地大大小小的土高炉应运而生,我们学校(省泰兴中学)也建了一座小高炉。

原材料根本不是矿石,而是一些碎铁、烂铁,燃料则是煤炭或木材。没有鼓风机,就自制一只特大的风箱,长五六米,宽和高都是七八十厘米,风箱的动力不是机动和电动,而是人拉,两头各四个人,上去拉不到十分钟就汗流浃背,精疲力竭,再换一班人。

就这样,炼出了一些大大小小的铁疙瘩,还要敲锣打鼓地去报什么喜,出铁了,出铁了!当然,更要上报产量,层层级级,归到国家总量堆上,算是亿吨目标的一滴水。这种产量能算数吗?!

深耕密植

合理的深耕和密植是农业科学技术的重要组成部分。但是,真理向前迈进一步就会变成谬误。当时浮夸成风,好走极端,更容易把本来是合理的、好的技术放大到违背科学规律的地步,还提出什么"人有多大胆,地有多高产"的口号。

在这种大背景下,深耕深到一米开外,结果,反而把肥土层翻到了根系到达不了的地下层面,把下面的黄沙土翻到了上面,适得其反。怎么才能耕到这么深?普通的人力、畜力和木犁是根本不行的,那就用四个人像推磨一样推绞关,用像小手臂那么粗的麻绳牵着双铧犁,你说滑不滑稽?

至于密植,则要求密到长出来的麦子,连一个鸡蛋放在上面都掉不下去,考虑到光照不足,就在田里安上电灯,这怎么能行呢?

所说这些,我们泰中小农场里就是这么做的,是我们都亲身经历、亲眼所见的。

公共食堂

这个新鲜事物不知是从哪里创造出来的,很快就在全国大部分地区推开了。就是一个生产队乃至几个生产队或整个大队的各家各户、男女老幼都在一个大食堂吃饭。锅子口径足有一米,煮粥用的"镇子"则在大锅子上面再加上用杉木箍的木桶。

开始的一段时间里,吃得还是好的,两干一稀,有菜有肉,有的人连大米、芋头烧菜粥还嫌差。一时间大篇大篇的宣传报道蜂拥而上,什么"吃饭不要钱,想了几十年,而今实现了,快活上了天"。"两干一稀,共产主义"。还说什么"大办食堂,少烧冷灶,节约煤草"。"大办食堂,把亿万妇女从厨房灶台、锅碗瓢盆中解放出来,甩开膀子大干社会主义建设!"

但是,有相当一部分人,尤其是老年人思想不通,顾虑重重。一是想吃点烂的、可口的却没有自由，因为家里的粮食一粒不剩地被收到了食堂，有地方做得更过分的竟把各家各户的灶台扒了，锅子砸了。谁要偷偷地在家里养几只鸡，在家前屋后巴掌大的地方种几棵菜，就被当成资本主义尾巴割掉。更让老人们担心的是这样吃下去，哪来许多粮食？能从天上掉下来吗？

果然不错，好景不长，一两个月后，干饭没有了，稀饭更稀了，有顺口溜这样形容说："勺子一丢咕嘀笃，两人对喝一碗粥。"再下去的日子就更苦不堪言了，连粥都喝不周全了，只能以胡萝卜度日，"早上萝卜茶，中午用手拿，晚上还是它"。我们那里，有极少数的人家，喝过泔水，吃过"观音土"。所谓"观音土"，据说是什么高岭土，吃下去以后拉不下大便，胀得难受。

食堂再也办不下去了，前后只持续了几个月。就在那段日子里，许多人得了浮肿病，有些地方还饿死了不少人。这种全国性的灾难，客观地说，不能完全归罪于公共食堂，主要原因还是天灾人祸，三分天灾，七分人祸。

所幸，党中央于1962年召开了七千人大会，初步总结了"大跃进"中的经验教训，开展了批评和自我批评。由于经济和政治措施的施行，国民经济得到了比较顺利的恢复和发展，农民得到了休生养息，农村也开始有了一点点生机。现在回想起这段历史，真像做了一段"共产梦"。

双蒸饭

这不能算是一个恶作剧,只是双蒸饭是那个时代特有的蒸饭方法,就委屈它一下放到这篇回忆录里。

双蒸饭是怎样做出来的呢?先把淘干净的米下锅蒸到半熟,再捞出来把水沥干,然后,再把米分到每个饭盒里,放足了水,放到蒸笼里蒸熟。这样蒸了两次的饭,顾名思义叫"双蒸饭",粒粒米晶莹剔透,几乎可以看到水往下滴,二两米可以蒸到满满的一大饭盒子饭。但是,毫无黏性,味同嚼蜡。

我们泰中学生在1959年至1960年期间都是吃的这种饭,开始好长一段时间里很不习惯。既然如此,为什么还要做这种饭呢?因为数量多,可以填饱肚子,饭后有一种满足感。

在那个困难时期,我们学生的口粮开始还是保证每个月30斤,后来,随着形势的不断恶化,从30斤减到28斤、26斤,最少时24斤,于是乎谁就想出来双蒸饭这样一个办法,这也实在是无法之法也!

"挑战极限"的苦力活
（1964—1981）

这里的"极限"是指我自己体力支撑的极限。我从小读书，是标准的"三门干部"（从家门到校门再到工作单位门），虽非手无缚鸡之力，但是不能吃大苦重差的。1964年工作以后，总不能不为大家庭分担些什么；到1970年我出继到五叔家时，已经娶妻生子，过了而立之年，家庭的重担必须自己挑起来；更有以后的家庭联产承包责任制的推行，总有些重活急活干不了也得干，有几次简直到了体力透支的极限，现在回想起来真不知是怎么过来的。

1965 年：二百里骑车运毛竹

那是 1965 年秋冬之交，我还在大家庭的时候，人多了、长大了，家里急需新盖三间房屋。计划经济时代自然买不到木料做椽子，只好先用燕竹替代，因为燕竹与蔑竹相比，粗而直、节间距短、刚性强。三哥在靖江长安粮食加工厂工作，那里盛产竹子，大哥要我和三哥一道去靖江城购买，我自是欣然答应了。

一个星期六的下午，我从学校（长生中学）骑自行车出发，先到季家市（靖江紧临泰兴的一个集镇），这20多里路还比较轻松，再向东南的近20里路，都是在水渠上，又高又窄又很不平坦。我平生第一次骑车走这种路，开始心里有点慌，手稳不住龙头，身上直冒汗，过了好长一段时间才慢慢适应。行程40多里路，我赶到三哥那里天已经快黑了，加之精疲力竭，简单吃完晚饭就休息了。不过那天晚饭虽然简单，没有七碗八盆，却有一瓷盆刚上市的螃蟹，兄弟俩吃得不亦乐乎，我至今记忆犹新。

第二天凌晨三时许，兄弟俩就骑车赶往靖江城，幸好那是一条砂石公路，也有40里左右，赶到靖江城里天才刚亮，绝大多数店铺还未开门，只有早点店的师傅们忙着做些烧饼、油条、包子之类。我们吃了点方便早饭，就赶去竹子集市挑选好又粗又直的竹子250多斤，分别装上自行车。我从来没有用自行车驮过竹子，只装了百十斤。大约七点钟不到，兄弟俩就骑车往家赶。

不巧，那天刮着西北风，而且越来越大，俗话说"西风腰里硬"。我们好不容易顶着风踏到了孤山，离靖江城20里左右，到家还有六七十里路之多，真是望路兴叹！我驮过100多斤的人，路不好走时就下来，也驮过100多斤的煤炭，因为它重心比较稳，也还能坚持下去，可是竹子很长,装在自行车上重心容易偏后,惯性又很大,稍不注意,龙头就控制不住。

过了孤山一点点路,我的手完全不能控制了,腿子一点儿力气也没有了,三哥虽然比我要好一点,但也很吃力。无奈之下,只得雇了一辆三轮车替我们驮竹子,我们则各自骑着空车跟到黄桥,此时已经中午时分。本来说好让车夫送我们到家,但是他怎么也不肯,因为黄桥到家还有 30 里路,再回到靖江孤山确实太晚了。

于是,我们只好将竹子又重新装上自行车,推着、扛着,一步一步地向家的方向移动。天哪,真不是人过的日子!加之车上的竹子足有 5 米长,尾部全都拖在地上,而我们那里全是沙土小路,既窄又软且不平坦,真是走一步怕一步。

大概到了刘陈公社的前顾庄,天公又不作美,下起了大雨,外面的雨水接到里面的汗水,衣服全湿透了,缠在身上动弹不得,只好暂避了半个多小时,待雨小了些再艰难地往家走,直到晚上八点多钟才好不容易把竹子弄到了家。

到家的那一刻,我记得很清楚。那时,我们家东山头有一条土公路,来不及到家卸竹子,就连车带竹搁倒在公路边,我和三哥几乎同时瘫了下去,好半天才缓过气、定过神,慢腾腾地站了起来,让大哥他们把竹子卸下来,扛到家。我拖着两条似乎不是自己的腿,一到家里就躺了下来。

回想起来,从凌晨三点到晚上八点,长达 17 个小时,负重 100 多斤，行程 120 多里，真是一件想都不敢想的事。由此，我联想到一个问题，人的力气到底有多大？这是很难说的一个数字。一个小孩子远到外地读书，父母们为他准备了这样那样、七箱八包的行李，依依不舍地送他上了车，全包办了。可是，到了目的地，父母们远不在身边，一个从来没有吃过苦、出过远门的孩子，独自一人不也把所有的行李拿走而一件不剩吗？哪来这么大的力气，意识使然也。

1966 年：三十里拉纤买稻糠

20 世纪 60 年代至 70 年代中期，农村烧草普遍紧张，大部分农户一年之中只有夏秋两季有草烧饭做菜，到了冬春多数以煤炭作燃料。但是，煤炭是计划供应的，常常是十几斤、几十斤地发放炭票，维持生活非常艰难。于是，我们家通过亲戚关系到黄桥米厂买稻糠作燃料，"右手拉风箱，左手戽稻糠"就是用稻糠作为燃料烧火的写照。

记得是 1966 年深秋的一个星期六下午，我从学校赶到黄桥米厂，找到时任厂长的李金德同志，因为他是我家属庄上的人，很快就批了条子，开好发票，装糠上船。大哥撑船，他家属正怀着大女儿，已近六个月，只能坐在船上，只有我来背纤。

背纤这活计，我可是大姑娘上轿——头一回。我们从黄桥出发时已经是下午五点，冬天日照又短，刚出北关桥天就暗了。黄桥离南新的水路有 30 多里，天黑路远，而且又全都是沿河坎水边走，高一脚低一脚，干一脚水一脚，就这样弓着腰，背着纤，一步一步地量了从黄桥到南新30多里的水路，直到深夜时分才到了家。

这是继买竹子之后吃的第二次大苦。

然而，我还是幸运的，普通人家即便是吃苦也买不到稻糠之类的燃料，很多人家因为没有草烧，一到冬春常常不吃早饭。当然，不吃早饭更多的原因是没有粮食。

那些年份，解决冬春烧草是一件大事。有一年我从马甸的同事李忠甫那里驮了100多斤煤，骑了30多里路。还有两年春天，家里连烧煤用的引火草也十分紧张，是李瑞钧会计用独轮小车推送到我家，每每想起这些事，我的内心就十分感激。什么叫解燃眉之急，什么叫结患难之交，这些就是感人的例证。

那时烧草为什么如此紧张，主要是产量低，粮少、草少；其次，那时家家一天三顿全是稀饭，四五口之家得烧一大锅粥，费草多；再次，那时农家养猪全都是熟食饲喂，尤其要花大量的草才能把胡萝卜之类的猪食烧烂。而现在人们吃稀饭少了，又有煤球、液化气等更清洁的燃料，还有现在养猪都是精养猪、规模养猪，无须烧熟食了。烧草之变化，虽是一斑，然而可足见人民生活水平大大地提高了。

1973年：带病急买建房砖瓦

这是1973年的事，我已经调县教育局工作。大概是那年中秋节回家,听说我隔壁的堂哥宝宽家要翻建房屋,我们要早做打算,亲自去问了他,他说没有这回事。可是,时隔不久国庆节回家时,让我吃了一惊,他家已经把房子拆光了,而且因为我家的东山墙与他家是合的,他拆走了一半,我家就通了天。

事已至此,我只是说了他一下,他又打了招呼,我只好跟叔父商量积极地准备把我家的房屋也跟着翻建。其实,我心里非常着急,一点儿准备都没有,到哪里去筹钱筹物资?尤其是那时的建筑材料非常紧张,什么东西都要计划。

第二天一大早,我就骑车赶往长生,请长生窑厂帮忙,那时这个厂的青小条砖和小瓦在全县是很有名气的。我先到中学歇脚,请匡毕庚老校长、总务主任邵彬蔚他们帮忙。他们把我当客人一样招待,其实我是刚从学校调走的家里人,学校是我的"娘家",他们说正是"回娘家",所以要客气点。

中饭一吃,老校长亲自陪我去窑厂找到厂长丁步乔。丁厂长是我们的学生家长,很客气,也很爽快,问我有没有带船来。我说老大已经把船开来了,他立即叫搬运工人把三间屋的青砖、小瓦顺顺当当地搬上了船,并说账以后再结,这时我才松了一口气,把心放了下来。

那天,我还拉稀,那是我刚到学校时,因为出汗太多,身上都起了盐霜,就喝了一大茶缸冷盐开水想补充一点盐分。谁知喝下去不到一刻钟,就几乎没有感觉似的直泻,我担心要误大事,学校赶紧叫来了医生。医生问明情况后安慰我,说是冷盐开水太浓了、喝太多的原因,休息一会儿就会好的。我从来没有经历过这种情况,还是有点担心,果然之后真的再也没有泻。

窑厂里的事情办好以后,我让大哥先开船回家。大哥弄船的本领可大呢,他在家曾经帮窑上运过窑泥(黏性较大的壤土),独自一人,自挖自挑自装船,并且把两条船巧妙地连在一起,一个人撑到窑上。

大哥把船撑走了以后,我回到学校,歇了一会儿,与校长们打了个招呼,又急急忙忙地往家赶。到家以后,老伴自然很高兴,立即去准备晚饭,我喝足了白开水,请了几个邻居到北港边,等大哥的船一到就帮助搬卸砖瓦。

晚上八点左右,大哥的船靠岸了,大家七手八脚地把砖瓦挑上岸码放好以后,我让他们先回去吃点小夜饭,再用小车慢慢地往家搬,而我则倚住一个砖头方子坐在港边看着。

老伴给邻居安排好小夜饭以后,就来换我回去吃饭,可是我已经倚在那里熟睡了。她轻轻地推搡了我几下,没有一点儿动静,就舍不得再把我叫醒,又返回到家里拿了一件大衣盖在我身上,而我却全然不知,实在太疲劳了。

1981年:栽山芋苗忙到半夜

十一届三中全会以后,中国广大农村逐步实行了家庭联产承包责任制,亿万农民的积极性极大地被调动了起来。田还是那么多田,人还是那么多人,可是产量却翻了番又转了弯,而且农民的自主性强了,什么时候干什么活井然有序,农闲时悠然自乐,不少人还能外出做个临时工找点零钱用。现在的形势更是另一番景象,农业机械化、集约化程度大大提高,老年人在家种田,年轻人外出忙钱,更活络了。

我家在 1984 年以前也有六个人的责任田,全靠老伴一个人忙活,十分辛苦。大概是 1981 年麦收之后要栽山芋,人家有劳力的都早已经栽好了,我们家的田还闲在那里。

在一个周末的清早我就到集市上买好了山芋苗,中饭一吃就驮着山芋苗往家赶。怕苗不够,又在路上顺便到周家利小学要了一大捆山芋苗,到家时已是下午四点多钟。可是,老伴儿不在家,听说回娘家帮他们插秧去了。我不管三七二十一,抽了支烟,歇了口气,找来李根君(队里专司耕田的)先帮我耕田,再急急忙忙去叫老伴回来。谁知,丈母娘家的秧还没有栽好,并且又放不下手,因为秧田做好后,必须趁泥水悬浊时把秧苗栽下去,否则,等第二天悬泥沉淀下去而板结以后,不但难插,而且秧苗的根系会容易弯曲甚至折断,将来秧苗醒棵慢。

于是,我只好一个人先回去做山芋方墩。方墩呈四棱台状,顶面约 40 厘米见方,底部 80 厘米见方,山芋苗栽在顶面的四边。山芋苗的栽插方法,以前是垅着,而且垅子低小,山芋的藤蔓长长以后不易通风透光,产量较低,因为山芋适宜生长在通风透水的土壤里。后来的栽培术发展为高垅,进而发展到现在的方墩。

老伴回来以后,先一起做完了方墩,然后借着天黑以后的余光约摸地栽好了苗,已经快到晚上十点钟。此后两人又摸黑到田头的排水沟里挑水点浇到每棵山芋苗上,十一点多才回到家里。

回到家里以后,我的第一件事就是坐下来抽支烟,老伴还有一大堆活儿等在那里,挑水、刷猪圈、烧晚饭。忙乱之中她光脚踩到了一块碎玻璃片上,鲜血直流,我刚刚抽烟时悠哉游哉的心情全没有了,急急忙忙地简单处理了一下,她还是坚持把等着她的事情做完。咳,老伴太不容易了!

该吃晚饭了,我那天实在是太累了,想喝点酒,街上的小店早就关门了,只好到西场上宝旺(他在供销社工作)家拿了半盐水瓶非粮酒(大概就是瓜干酒),足有半斤多,坐在小杌子上就着两只煎蛋、一盆子蚕豆瓣,不知不觉喝了个精光,美美地睡了一觉。第二天起床以后,啊呀,手、脚和腰全都是又疼又僵,足足一个星期才逐步地恢复了元气。

两个化肥袋——计划经济缩影

一块大洋等于两个化肥袋？这是一件计划经济、卖方市场时代的小事。那个时代，什么物资都紧张，什么商品都要计划，什么东西都要票证，大到钢材、煤炭、木材，小到肥皂、牙膏、火柴，普通老百姓的日子真是苦不堪言。那时的一些平常事，现在的年轻人是怎么也不相信，怎么也想不到的。我之所以记下来，意在让他们了解过去，不要忘记过去，绝非想让他们回到过去。

大概是1967年的一个星期六，我从学校回到家里，老伴告诉我她私自做了一个主，用一块大洋（袁大头）换了两个化肥袋，为我做一条裤子。她是让我惊喜还是求我谅解呢？我不知道是怎么回事，只是随口应了声"好啊"！

后来，我才知道这化肥袋是日本进口的尿素包装袋，化纤纤维，又细又薄又牢，夏天穿在身上还是挺凉爽的，这条裤子我还着实穿了两年。可惜的是银圆袁大头是不可再生之物,而且是祖上传给我们的,现在想起来真有点后悔。不过,当时买布是要凭布票的,每人每年一丈六尺,只够做一套衣服,用化肥袋做衣服也是无奈之举啊!

这是计划经济时代人民穿衣方面的一个缩影,至于吃的、用的、烧的等日常生活用品,同样是紧张得让人不可想象。

1960 年寒假,我从扬州背回了一斤肉和半条鱼回家过年,因为我的计划在学校,家里的人也是同样多的计划。那年除夕之夜,一家人高兴地把全部的计划肉吃了个精光,只剩下一点点肉汤。

那个年代,一到寒冬腊月和春荒三月青黄不接之时,粮管所卖粮的窗口和供销社卖煤的窗口,每天总是挤满了长长的队伍,每个人衣服的背后都用粉笔号了编码,以防止有人插队。就是这样的措施,也常常有人为争先恐后而发生口角甚至拳脚相加,这是现在很难看到的场面。

如果有谁能到公社或供销社批到一二百斤煤炭,在社会上就是有体面的人,有谁过年送你一两条一斤以上的鱼,就是一份像样的礼品,有谁买到上海产的“三大件”(自行车、手表、缝纫机)乃至中华牙膏、飞马香烟等生活用品,就是有能耐的、让人羡慕的人。我那时是中学老师,有时还多少能沾到点光,我甚至为此沾沾自喜。

到了 1985 年,大哥想要盖三间新房,计划木材、砖瓦、钢材、水泥等建筑材料相比之下还是不贵的,一角三分钱一块砖头,两条牡丹香烟(50元)可以买一根杉木梁条,于是,我找人帮他批了20根长梢杉木,用一卡车煤炭兑换砖瓦,三间屋的梁柱和砖瓦全解决了。

从1978年党的十一届三中全会以来,改革开放不断深入,亿万人民的劳动积极性不断提高,社会物质财富不断增加,广大群众的物质文化生活不断改善,传统的计划经济模式不断解体,卖方市场不断淡出,昔日的商、粮、物、供等部门也不再风光。

我国社会经济发展到了今天,成就巨大,举世瞩目,但也出现了许多深层次的矛盾,分配不公、诚信缺失、官员腐败等问题严重影响到党的形象、社会和谐和国家稳定,改革已经到了攻坚阶段。我相信一块大洋换两个化肥袋做裤子的日子一去不返了,我期望在党和国家的领导下,我们可以实现社会和谐稳定、经济健康发展、人民幸福安详的美好愿景。

睹物思变——整理老居室有感

2013年元旦,我因食管手术而回泰兴老家休养。自从2007年5月以来,我们老两口去南京儿子那里帮忙,5年多很少在老家常住,每年寒暑假也只停留10天左右的时间,所以懒于整理居室。这次在家休养,估计要半年左右,须整理得干净一些。

其间,有许多大大小小、远远近近的老物件,当时是作为有用的东西收存起来的,而今已经失去了它们的使用价值,只能起到记忆和留念之作用,从中也能看到社会的进步和人们观念的变化。

户口簿和居民粮油供应证

户口是住户和人口的总称,户口簿是记载户口情况的簿册,主要登记住户的家庭住址和常(寄)住人口的姓名、性别、出生日期和地址、籍贯、民族、宗教信仰、婚姻状况、文化程度、职业及服务处所以及住址变动情况、迁移情况、户口注销日期及原因等。

户籍管理是社会公共事业管理的重要内容之一，由地方政府公安部门负责。新中国成立不久，大概是第一次全国人口普查以后，各级地方政府就建立了户籍管理制度，一直沿袭至今，并且不断改进管理方法，引进数字化、网络化等先进技术，现在户籍管理系统的工作快捷而高效。

但是，半个多世纪过来了，户口簿里一个核心问题——公民户口性质也变得不那么重要了。所谓"户口性质"，分"农业人口"和"非农业人口"。"非农业人口"是指国家机关工作人员，如国办教育、卫生、文化、科研等事业单位的公职人员，国营企业包括工厂、交通、供电、商业、粮食、物资、供销等单位的正式在编人员。城镇人口和现役军人自然也是"非农业人口"。还有相当一部分事业、企业单位，不是国家办的，而是县以下地方政府所办，称为"大集体性质"的企事业单位。这些单位的工作人员虽也属非农人口，但没有前者硬棒。其余从事农副业生产的人员，包括种植经济作物的人员，都在"农业人口"之列。

在20世纪80年代中期以前，不同户口性质的人员，所享有的社会待遇、公共资源差别很大，形成了"三大差别"：城乡差别、工农差别、脑力劳动和体力劳动的差别。"非农业人口"除了有固定工作、按月拿固定工资外，粮油由国家按标准统一供应，并发给"居民粮油供应证"，国家机关、企事业单位和城镇居民粮油供应证的封面是硬皮的,俗称"硬卡",属集体性质的"非农业人口"由地方政府供应粮油,封面是软皮的,俗称"软卡"。到了就业年龄的城镇居民,政府还要负责安排就业。

而"农业人口"就没有这个待遇了,政府不负责安排就业,要想进机关企事业单位工作,只能指望读书—升学—"吃皇粮"之道和极少的招工、招干机会。粮油则完全靠自己种田,这在很大程度上靠天保佑。1953年起,国家先后对关乎国计民生的粮、棉、煤等重要生产、生活资料实行统购、统销。1955年以后,国家在农村实行粮食"三定"政策:定产、定购、定销,一定三年(五年)不变。定产,就是以大队或生产队为单位,由政府相关部门预先核定粮食的年总产量;定购是从定产数量中扣除口粮、种子和饲料等用粮后,按一定比例确定统购数量,若干年不变,丰歉年份适当增减;定销,主要是核定以经济作物种植为主的地区以及缺粮地区的粮食供应数量,并以"软卡"的形式发放到户。

随着统购、统销和农村粮食"三定"政策的逐步实施,农民的口粮被紧紧地捆绑在"农业人口"这个户口性质上,农民的活动被牢牢地拴在土地上,外出打工没有粮票,小买小卖被视为投机倒把,忙点副业、找点零用钱要被割"资本主义尾巴",农民苦不堪言。所以我们农村人中,谁要是能够被招工或考取学校、分配工作,人们就羡慕地说"跳出了农门,跳进了龙门"!我们兄弟几个就是通过读书之道而"跳出了农门"的。

1978 年十一届三中全会以后,随着改革开放的不断深入,特别是农村政策的成功实施,亿万农民的劳动积极性空前高涨,土地的产出率极大地提高,天还是这片天,地还是这块地,人还是这班人,粮食产量翻了番又转了弯,几千年来困扰农民的粮食问题神奇般地被解决了!不仅如此,亿万农民被从土地上解放了出来,他们有的务工,有的经商,有的从事各式各样的服务行业,留在家里种田的几乎都是老人和女性,有人戏称之为"6038 部队"。

1984 年初,因为我是中教中级职称,老伴和孩子们的户口都上来了,转成了"非农人口",再加上我被调县委工作,老伴安排在泰师花房,儿子遂转附小读书,一家人团团圆圆,其乐融融。1985 年起,国家先后取消了粮棉统购,有的地区取消了统销。在我们这个地方,1987 年还在使用粮票,老伴去上海住院时还兑换了上海粮票。大概 1988 年前后,粮票停止使用,粮食市场全面放开,"居民粮油供应证"不复往日的荣光,我们家多年积攒下来的好几十斤粮票,有的还是全国粮票,只能当纪念品,被保存了起来。

时至今日,物质匮乏的计划经济时代因户口性质不同而存在的"三大差别"比过去小得多了。在物质生活的诸多方面,许多地方农村比市镇好,住房宽敞,空气新鲜,粮食家家不愁,蔬菜随吃随摘,交通方便,水电齐全,不少的城里人还常常心生羡慕。要说城乡差别，主要是在教育和医疗方面的优质资源农村不及城镇；工农差别现在很难说清，有许多人亦工亦农，城乡两栖；脑力劳动和体力劳动的差别也在发生着微妙变化：由于机械化、数字化、智能化的发展，纯体力劳动少了，由于教育事业的发展，有文化的劳动者多了，脑力劳动和体力劳动的差别将会逐步缩小以至难以区分。其实，脑力劳动和体力劳动只是社会分工不同，两者没有高低贵贱之分，任何社会、任何时候都会有体力劳动，同一个人、同一项工作也常常既是体力劳动，又是脑力劳动。而且，随着农业生产的规模化、集约化程度不断提高，随着专业大户、家庭农场、农民合作社等新型农业生产方式的不断发展和完善，"6038 部队"现象已经逐步减少，农业生产的劳动强度也会大大地减轻。

毛主席像章和带有毛主席头像的怀表

办公桌中间抽屉里有只西洋参空盒子，空盒子里面又有一只第六届全运会纪念品——领带夹的空盒子，领带夹空盒子里面有一枚毛主席像章，底色大红，头像金黄，头像下边有三只金色的向日葵，正面设计简洁、端庄，其背面铸有如下铭文："世界革命人民心中的红太阳　南京军区1968。"这是一枚正规渠道发行的毛主席像章。

像章的流行始于"文化大革命"。1966 年 5 月，中共中央召开政治局扩大会议，8 月召开八届十一中全会，先后通过《中共中央通知》和《中共中央关于无产阶级文化大革命的决定》，毛主席先后八次接见百万红卫兵，"红宝书"《毛主席语录》几乎人手一册，毛主席像章版本百出，争奇斗艳，谁要是得到一枚新奇的像章，谁要是拥有许多不同版本的像章，谁就引以为荣，年轻人头戴黄军帽，胸佩红像章，腰挎小黄包，引以为豪。不少地方还在早饭、晚饭之前要集体向毛主席早请示、晚汇报，毛主席的讲话作为最高指示，向下传达不过夜，敲锣打鼓，进村到户，深入人心。更有甚者，谁要是把毛主席语录、最高指示不小心读错了、写错了，轻则批判，重则以现行反革命罪论处。现在回头来看，那时对毛泽东的个人崇拜已经到了狂热、迷信的程度。我是不喜欢这类过左的、形式的做法，之所以收存这枚像章，只是留住一个印记，让人想得起来在那样一个特殊时期有许多像上述那样令人不可思议的特殊现象。

带有毛主席头像的怀表，是一块有纪念意义的怀表。这块表我基本上没用过，现在仔细看来，表还是比较精致的。表壳跟其他怀表一样，呈圆形，对径 5 厘米，通体呈古铜色，正面的中央是毛主席侧面头像，上半周边上的阳文是"毛泽东诞辰一百周年纪念"，下半周边的阳文是"1893—1993"。背面的中央是庄严而神圣的天安门，上方是用英文写的"毛泽东诞辰一百周年纪念"，下方也是"1893—1993"，表的合边和挂环还铸有极其精细的如意纹饰。打开表壳，表面泛黄，似有年代了，时数标注用罗马数字，分数标注用阿拉伯数字，"金陵"牌，江苏省工矿机械设备总公司泰兴分公司赠。其实，这块表本身是南京"钟山"表的变身，属低档表一类，但是，它能勾起人们对毛主席的怀念。

在计划经济年代，手表是身份的象征。我1964年参加工作，1970年才搞到一块"钟山"牌手表计划，30元一块。1973年我好想换一块"上海"牌手表，当时国产表中"上海""钻石"牌手表是很牛的，后来因为计划很难，就托时为南新公社中心小学校长的叶俊生到上海手表厂买了一块"银杯"牌手表，我给了70元。据叶校长告诉我，他有个哥哥在上海手表厂工作，"银杯"牌手表虽然不像"上海""钻石"等手表的牌子响，但质量很好，专供运动员用的，内部人员才能搞到，不上市销售。事实的确如此，这块表我一直用到1990年，走时很准，从未修理过，连油都没有擦过，时至今日已经整整40年了，这块表还同以前那样好用！1990年起，我用"西铁城"手表，也蛮好的，至今还在用，只是到南京五年多来，常常不用手表。其间，我也用过两三块石英表或电子表，终不及"银杯""西铁城"好。说到这里，我又不由得想起了时下的流行词"表叔""房妹"，与毛泽东时代相比，与20世纪90年代以前相比，真是世风日下，悲哉哀也。

台式电脑和台式电视机

我家的台式电脑早在 21 世纪初就不能用了,台式电视机也有两年不能用了,但是我迟迟舍不得扔掉,因为这两件老电器对于我们家来说有太多的情结。

台式电脑是 1997 年儿子、儿媳大学毕业以后到杭州工作时置办的。这台 486 电脑,在当时而言,配置还是比较高档的,大几千元一台,这是属于他们自己的劳动工具或称生产资料,之前他们都是用单位的电脑。我记得很清楚,儿子下决心买了这台电脑后,像置办了一件大家私似的打电话告诉我,那种高兴劲儿我在电话里都可以听得到。就是这台电脑,陪伴他们熬过了多少个日日夜夜,也帮助他们掘来了一勺、一铲的金。他们是 1997 年秋从华中理工大学建筑学专业毕业后被建设部杭州耀江集团聘用的,该集团从规划、设计、施工到房地产一条龙式的服务,实力还是强大的,他们俩在单位也是被重视的。只是他们一心想到全国一流的东南大学建筑学专业读研究生,因此辞去了杭州的工作,虽然杭州方面真心挽留,最后还是于 1999 年夏天回到泰兴老家复习备考。这台 486 电脑自然被当作宝贝带了回来,起初放在客厅,我还有点儿自豪:我们家有电脑了! 当时,电脑也是某种身份的象征。

早在 1990 年,我到市科学技术委员会主持工作不久,就部署举办了我市第一期电脑培训班。后来,单位投入 20 万购买了 20 台 286 电脑,还专门配备教室和桌凳,聘用了一个专业老师，坚持长期办班，这在当时还是相当前卫的。我在第一期电脑培训班动员时曾经说过："不久的将来，不会电脑、英语和开汽车的人是找不到工作的。"当时话虽这么说，可心里底气不足。现在对于年轻人来说，不正是这样吗？电子技术的发展、应用和普及真是太快了，用显像管作显示屏的台式电脑已经成为历史，全部改用液晶显示屏，笔记本电脑越来越小、越来越薄，加上网络技术，真是方便极了！

那台486电脑一直静静地守在客厅里那张电脑桌上，我还在上面遮了一块大红平绒方巾。直到2007年我们去南京之前，把南新老家新打的八仙桌、麻将桌和十张杌子带到了泰兴放在客厅，那台486台式电脑才无奈地被挪到了楼下车库，虽然早已不用，也早已不好用，但是我一直舍不得把它扔掉。这次清理居室，下决心把它处理了，还真有点像告别老朋友一样，依依不舍。

和台式电脑一样，一台台式电视机也同时被处理了。这台电视机陪伴我们已经整整20年了，两年前，泰兴有线电视提升为数字电视，而我家的电视因为设置陈旧而与机顶盒不配套，只能搁置不用了。这台电视机是1992年买的，南京"熊猫"厂生产，21寸，彩色的。在这之前，我家用的是1985年购买的上海"凯歌"牌14寸黑白电视机，我家在泰兴算是较早购入电视机的家庭了。1986年年三十晚上，是它在人民医院一个内科病房里，陪我们全家度过了难忘的不眠之夜。

儿子最喜欢看电视，每天晚上洗脚都要把水盆搬到电视机前，一面洗脚，一面看电视，磨磨蹭蹭半小时。后来，好多人家都换了彩电，我家还是老的、小的、黑白的，儿子有时看电视时还自我安慰地说，我把它当水墨画看。1992年，儿子高中毕业那年春天，我家买了一台冰箱，"万宝"牌，进口压缩机，只是因为外壳有一点点缺陷，降价为900元（原价2200元），我们一直用到现在，挺好的。因为儿子高考成绩出众，619分，比全市第一名仅差1分，全家兴奋不已，国庆节前，我又下决心买了台彩电，在儿子春节回家时给他一个惊喜。那年春节，全家人围坐在新彩电前观看春节文艺晚会，比哪一年过除夕都开心。

这台电视机的利用率最高了，我老伴几乎每天从早上8点到晚上10点，都在电视机旁，这个台调到那个台，可以说电视机成了"老伴的老伴"。2003年9月3日，我在南新老家为叔母守孝。送走叔母后正准备回，谁知道就在这天上午8点多，我在南新计划生育办公室门口，不慎从自行车上摔了下来，胸椎骨骨折，第二天到市人民医院拍了胸片，明确诊断，卧床休息了4个月！在这4个月里，也是这台电视机为我消除了太多的无奈和寂寞。所以说，这台老台式电视机对于我们两个老人来说，与冰箱、空调、洗衣机一样，是最满意、最实用、离不开的、陪伴了我们一二十年的家用电器之一。

老小区、老房子、老家具

俗语说，"老来话当先"，怀旧、惜旧是我们老年人的普遍心理，除了电脑、电视机以外，即便是对老小区、老房子、老家具也都情有独钟。

早在20世纪90年代初，市政府决定在国庆桥下、羌溪河东，新辟一个万人住宅区，雅名曰"国庆新村"，村内新建楼房一片连着一片，新铺水泥路交错其间，让人好眼热！1994年，新村里最后一栋楼房——5区19号楼交付，我家也在这栋楼里订了一个中套，当时，机关里许多干部都先后住进国庆新村。然而，10年以后，随着市政府东迁，新区建设如火如荼，永大房产等落户泰兴，高标准的住宅小区一个楼盘接着一个楼盘，相较之下，国庆新村不再有昔日的光环。加之新村规划的起点较低，眼光较短，以致有些先天不足，如建筑密度大，绿化率低，安全性差，没有规范的物业服务，等等，因此，不少有点办法的老住户，尤其是机关局级以上干部都先后悄悄地搬出了国庆新村，政府方面也不像以前那样重视新村的建设。在这种情况下，子女们几次要到新建小区买一套电梯房，免得我们年龄大了爬楼难。去年春、夏季节，我自己也去看过两个楼盘，总体感觉疏朗得多，套型也较以前合理，安全性高，物业管理方面也好。但是，我总觉得国庆新村的区位优势特好！市区东进后，新村位居市中心，西去鼓楼，东到市府都在1公里之内，交通方便。从实验幼儿园、襟江小学、济川初中到泰兴中学等一流学校,国庆新村都在它们的学区范围之内。国庆大菜场、银光大酒店以及大大小小的超市、吃食店、水果铺,还有各式各样的摊点,布满了新村的东西两厢,商品琳琅满目,针头线脑也应有尽有,生活气息十分浓厚。

我家所在的5区19号楼,位于新村最西南角,西边紧邻羌溪河,前面是张立中沟,两水交汇之处,风水甚佳,加之19号楼南向偏东,冬天的阳光早早地洒入卧室,而夏天的阳光却又早早地偏离了卧室,真可谓冬暖夏凉。我家住在1楼,两室一厅一厨一卫,套型合理,宽宽大大,底层是车库,就在我家次卧的下面,一个完完整整的房间! 有时,我也聊以自慰:我家是一下两上的复式楼,楼上90平方米,楼下18平方米,合计也有108平方米,将就着够住了。所以,即便是新买了电梯房,国庆新村的房子我也舍不得卖掉。

舍不得换掉的还有老家具。我们房里的家具1984年置办,一套6件,大圆门雕花床、办公桌、麻将桌各一张,三门厨、五抽厨、床头柜各一只。在那时,大圆门雕花床最流行,好的雕花床也最值得传承。因为每一张床,和书画、雕塑等艺术品一样,凝聚了工匠、艺人们的劳动和智慧,尤其是圆门的结构和花板的设计、雕刻,没有第二件,不可复制。我家那张大圆门雕花床,用料大,材质好,棕绷为底,里外栏杆,内栏杆上还有搁几,顶上是顶板、嵌席,正面则是满堂花板,两块竖向分别紧贴左右竖柱,横向紧贴上沿横挡,通体用榫卯连接,没有一根钉子,一点点胶水。花板的雕刻是请张桥的一位老师傅,当时他已经年过花甲,图案设计正统,松鼠偷葡萄,凤凰戏牡丹,还有鹿、鹤、麒麟等吉祥物,镂空透雕,刀工老道。所以,我把这一套家具视为可传承之物,全部用生漆油漆,耐磨性能极强,而且越用越亮,与而今的化学漆不可同日而语。现在很少有人采用生漆工艺了,说不定若干年后,生漆工艺要作为非物质文化遗产进行抢救和保护。然而,20 世纪 90 年代中期以后,大圆门雕花床开始不那么吃香了,甚至不少人把它们淘汰,换成流行的席梦思床。我就纳闷了,好好的一张床为什么就被废弃了呢? 大圆门雕花床有什么不好呢? 一说占有的空间太大,一说清洁卫生难搞。我却不这么看。占有的较大空间可以充分利用,顶板上面放一些凉席等不常用的、较轻的用品,中间高敞,最方便挂蚊帐,平时可以遮灰尘,夏天可以挡蚊子,睡个安稳觉。床的下面可以放一些箱、包之类,既隐蔽,又方便,而现在的席梦思就不可能有这些方便。至于雕花床的清洁卫生确实有点麻烦,但如果经常打扫,不让灰尘堆积,就无所谓难不难搞,如果在擦拭雕花床的同时,把雕花床作为艺术品去欣赏就更有趣味了。有的大圆门雕花床把传统的花板变为格挡,这种格挡用长长短短、粗粗细细、弯弯直直的木条榫卯连接而成,不少格挡设计高雅,大气在精巧之中,规律在有无之间,真让人赞叹不已。家具是最能反映时代烙印和文化传承的。现在的家具制作，多数用销钉和胶水连接，而在20世纪80年代以前，多数是用榫卯连接。然而，在90年代以后，可能是怀旧、惜旧的缘故，我还坚持用传统的材料和工艺，置办了一些桌凳。其中，有一张八仙桌，木料是自家家前屋后长的桑木、柏木，桌面是一块大理石，大理石的纹理清晰，似高山，又似大海，细细观看，还真有点心旷神怡的感觉。这张桌子是特请宣家堡的一位老师傅打的，纹饰简洁，通体清新，做工精细，将近20年了，榫卯之间没有一丝的缝隙。还有一张老式办公桌，大概是解放以前的，通体柏木，生漆工艺，至今也没有一点儿缝。多好的老家具啊！

　　我们老一点的人是从苦日子过来的，深知"一粥一饭当思来之不易"，现在的日子是过去做梦也想不到的，许多亲朋好友也都有同感。日子好过了，不能忘记过去，不能忘记节俭，不能浪费。我国是一个人口大国，也是一个资源穷国，容不得有一点儿浪费，再小的数字乘以几亿、十几亿就是了不得的大数字！

「文教往事」

第四辑

经济建设思考

蒋华区家庭经济的调查与思考

　　此文由李培芳同志和我共同撰写,刊发在中共泰兴县委研究室的内部刊物《调查与研究》1989 年第 4 期,并配发了《编者按》如下:

　　本刊再向读者推荐李培芳、李宝龙二同志撰写的《蒋华区家庭经济的调查与思考》一文。县政府主要负责同志认真阅读后作了如下批示:这篇文章从理论到实践,能说明一些问题。在治理、整顿中,对家庭经济应取什么态度,此文可以帮助统一认识。国家实行宏观调控,我们在抓调整、练"内功"的同时,必须认真抓一下个体、私营经济,使其有一个较快的发展,以补充全民、集体经济的不足,使我县农民人均收入 89 年仍能再增五六十元,乃至百十元。

　　农村改革十年,发生了巨大而深刻的变化,其中,一个引人注目的变化就是家庭经济的生长和发展。在我县蒋华区,农村经济的三元结构中,家庭经济已经有了一定规模,正在发挥着日益重要的社会、经济效益作用。据不完全统计,全区六个乡镇 15.85 万人,从事家庭经济活动(主要指非粮食生产活动,以下同)的 1.58 万人,占农村总劳力 9.12 万的 17.3%；家庭经营的户数已达到了 4400多户,占总户数的 10.3%；实现产值(含营业额)1.12 亿元,占三业总产值的 15.4%。其中,家庭小工业 1280 户,平均固定资产 2800 元,最多的 6.2 万元,总产值 6880 万元,创利税 664 万元,最多的年产值 38.5 万元；从业人员 6590个,其中雇工 720 人,最多的单户雇佣 25 人。这些企业,多数为本地区县、乡、村工业配套加工,拾遗补阙,主要产品有小弹簧、小电器、小五金、小包装以及标牌、电镀、玻璃制品、麻将等。户办企业在集体工业比较发达的地方布点密集,产品的地区单一性较强。个体商店 680 多家,旅店、饭店、理发店,服装加工、电器维修、车辆修理等服务性店铺 620 多家,总营业额 1845 万元。他们绝大部分在集镇所在地开业,散落在自然村庄的每村两三家不等,满足村民日用生活必需品的购买。集镇上还有大大小小、各式各样的活动性商业、服务业摊点,把集镇内外打扮得热热闹闹。个体运输业则活跃于城乡之间,有小轿车 42辆、面包车 34 辆、卡车 120 多辆、轻骑(摩托车)140 多辆、拖拉机 800 辆、船运 1500 多吨位,总营业额约 1400 万元。还有为数甚多的人力板车和三轮车、二轮车相搭配,长短衔接,到村到户,为农村经济的繁荣起了不小的传动作用。

随着家庭经济的生长和发展,干部群众对此褒贬不一,是扶持,是抑制,还是听其自生自灭?业主也踌躇不定,是发展,是守摊,还是歇业不干,另谋他途?我们对此做了专题调查、分析和思考。

家庭经济兴起的客观必然性

家庭经济在我国的重新出现不是偶然的,有其社会的、经济的缘由。用业主们的话说,他们之所以有今天,一靠天时,二靠地利,三靠自己。

首先,全党工作重点转移,以经济建设为中心,改革、开放、搞活的大政策,承认和保护了家庭经济的生长和发展。这就是"天时"。回顾十一届三中全会以来,真理标准问题的讨论,冲破了"左"的束缚,解放了思想,恢复了党的实事求是思想路线。农村第一步改革,实行家庭联产承包责任制,使蕴藏在千家万户之中的生产积极性极大地被调动了起来,农民有了自主权,粮食产量也有了显著的提高。农村第二步改革,调整产业结构,发展商品生产,把亿万农民从有限的土地上解放出来,推动了广大农村从产品经济向商品经济的转化。中央从我国国情出发,允许和鼓励多种经济成分并存,于是,个体、私营经济从几十年公有制的基础上破土而出。在显而易见的物质利益刺激下,农民潜在的生产力以空前未有的速度被释放了出来,不同行业、不同规模的家庭经济竞相生长。此后的农村改革，促进了流通领域的改革、市场的发育以及竞争意识和价值观的更新，为家庭经济的发展创造了更为有利的大气候。所以，党的政策，对于家庭经济的兴起，犹如久旱行雨，天时造化。

其次，小环境宜人，这就是"地利"。全区六个乡均位于我县西南部沿江一带。十一届三中全会以前，农村经济主要是粮食种植业，是全县主要商品粮地区，到 1978 年，乡村集体工业产值只有 4600 万元。三中全会以后，产业和产品结构发生了历史性变化，乡村工业异军突起，到 1988 年，工业产值已达 4.45 亿元，占三业总产值的 61.2%。农民人均年收入由 1978 年的 150 元猛增到 985 元。乡村集体工业的迅速发展，从人才、设备、业务、技术、信息、服务等多方面促进了家庭经济的蓬勃兴起。据初步统计，家庭小工业业主中，曾在集体办企业工作过，或者得到现在集体办企业工作的家庭成员、至亲好友支持的占半数以上。集体企业交由户办企业加工、配套的产品 45 种，产值 660 万元，为户办厂培训技术工人 210 人次，帮助解决技术难题 50 多项。另外，集体企业所需的建筑、运输、食宿等多方面服务，也主要由家庭经济体提供。有的乡镇还规定，凡可给家庭经营的脱壳产品、配套加工业务，都必须转让给家庭生产经营。这样，集体经济和家庭经济之间建立了相互依存的关系，收到了相得益彰的效果。

第三，家庭经济的内部活力很强，主观能动性得到了充分发挥，这就是"靠自己"。这至少在三个方面已经显露出来：

一是业主的内在动力和压力都很大。据对 845 名业主经营动因的调查，想发家致富的 665 人，占 79%；想干一番事业，为地方谋利，图个好名声的 180 人，占 21%。无论出于哪一种目的，与业主的名利都直接相关。强烈的名利观念驱使着他们兢兢业业办好企业。另一方面，他们都有或大或小的风险，而这种风险，紧系于业主的身家老小，所以，内部压力很大。

二是管理方便，核算精当。在家庭企业里，不少业主是从集体企业里出来"单干"的，有的还是原企业的能人，他们有供销业务，有一技之长，有广泛的社会联系。而今，在自己的企业里，大部分和工人一道生产，对情况了如指掌，从生产到销售，从技术到财务，都是一把抓，一竿子指挥到底。在这里，不存在外行管内行，不存在官僚主义瞎指挥，不存在因机构冗杂而相互摩擦和内耗，也不存在铺张浪费、跑冒滴漏、隐性失业。即便是请客送礼，总是左盘右算，白请白送的可能性几乎是零。因而有较高的经济效益，较好地实现了资金、技术和劳动力的合理结合，这是家庭企业具有较强生命力和较大吸引力的重要原因。至于职工管理，更有其独特优势。目前，家庭企业的雇员不多，大部分由家庭成员和亲朋关系组成。他们的利益趋于一致,出现矛盾容易调节。个别稍大一点的企业,雇员多数是来自比较贫困地区的、无所谓"靠山"的年轻男女。相对来说,这些人文化水平普遍较低,雇员成本一般不高,利益容易得到满足。加之业主及其家庭成员直接参加生产,客观上起着监督和示范作用。雇员干活多劳多得,按件计酬,一般劳动态度较好,效率较高。

三是生产、经营和决策都比较灵活而快捷,容易在微观上搞活。家庭企业一般具有本钱小、产品小、规模小、组织上马快的特点,所需资金容易筹集,原材料供应容易组织,产品容易销售。至于那些不需购置多少固定资产的运输业、商业、服务业,灵活性更大,有赚头就干,大有大干,小有小干,没有就不干。有力气就卖,没力气就歇,赚钱不害臊,赔本不灰心。加之他们的服务半径较之小工业要小得多,相对独立性强得多,因而对市场行情的反应要灵敏得多。

家庭经济的功过得失

目前,人们对家庭经济特别是私营企业还有种种疑虑和议论。有的担心家庭经济发展下去,公有制的主导地位会不会受到影响而动摇,农业基础会不会被挤垮,贫富悬殊大,分配不公平,会不会由剥削现象而导致剥削制度?我们调查认为,从总体上说,发展家庭经济,功远远大于过,得远远大于失。

第一，使一部分人先富起来，并带动周围的人逐步走上共同富裕之路，不会导致剥削制度。随着家庭经济的发展，一部分业主先富起来是显而易见的。城西乡迎幸村已有28户盖起了楼房，户主都是办过小工厂的。当然，业主凭借私人占有的生产资料，无偿占有雇员的部分剩余劳动价值，确实存在着剥削与被剥削的关系，但这与资本主义条件下的剥削现象有着本质的不同。调查表明，雇员到私营企业里受雇是自觉自愿的，不少人还是托人找关系才进来的。他们之所以愿意到私营企业里受雇，完全不像旧社会的雇工们那样，少有甚至没有生产资料而迫于生计去受雇，多数是为了增加收入，也有的想学点技术，姑娘们想进厂图个名声，个人问题好解决，有的则干脆说在家反正没有事干等等。所以，雇员对雇主的高收入反应并不强烈，更没有谁去算过被剥削了多少，多数对现状还比较满意，认为业主富裕了，他们收入也增加了。城西乡迎幸村张新德一户，1983年开业，到1988年产值已达35万元。办厂5年来，单本村就有13户为其生产过配件、包装盒等，或为其提供运输服务。这些受益户，多则几万，少则几千。张新德对雇员的待遇也比较宽厚，年人均报酬1200—1500元。夏、秋两季大忙时，雇员为其抢收抢种日工资8元。他说："我的钱是工人忙的，工人的钱是自己挣的，不是我给他们的。"至于平时，左邻右舍，尤其是困难户、五保户，经济上遇有难处，只要向他开口，总多少不等地给予支持。另外，几年来他还先后为集体购置了拖拉机 2 台，铺砂石路 600 米，修木桥一座。去年，还特地买了发电机组，可解决近两个生产队农户的照明用电。

第二，对国家、集体和社会都作了贡献，不会影响和动摇公有制基础。蒋华区家庭经济总收入达 1.12 亿元，同时也为社会创造了财富。家庭企业生产的成千上万种规格的产品，提供的运输、建筑、修理、食宿等各种项目的服务，直接满足了不同层次的生产、生活需求。他们还吸收了 15800 人就业，增加工资总收入近 3000 万元，上缴国家和集体的税、费 177 万元，提留和捐助地方公益事业经费 13 万元。除此之外，个体和私营经济作为一种经济成分，与公有制经济成分并存，还起到了相互竞争、相互补充、相互促进的作用。家庭经济发展下去会不会影响和动摇公有制基础？调查情况表明，这种担心是多余的，至少说是为时尚早。今年，全区家庭小工业的产值虽已达 6880 万元，但只占了乡村两级集体工业总产值的 15%。就更大范围来说，公有制经济占了绝对优势。在乡村以下，放手发展家庭经济，应该作为农村经济工作的方略之一。

第三，能够增加对农业的投入，与放松粮食生产没有必然的联系。在家庭经济和私营企业发展的同时，农村有少数地方放松了粮食生产，引起了部分农户和基层干部的焦虑。我们从农户那里听到了一些意见，值得各级深思。他们的意见：一是不肯不种田。农户心目中对粮食生产看得还是重的,深感"手中有粮,心里不慌"。二是不肯滥种田。每到播种、收获季节,基本做到全力以赴,保质保量完成任务。种田也舍得投入,仅化肥、农药、机耕、水电四项,农户手头有钱,几乎是不计成本,每亩平均投入多达120元。所以,这几年全区的粮食生产一直比较稳定。三是不须全种田。农户认为,对粮食生产的重视程度不能单拿占用劳动量的多少来衡量。人多田少,根本不需要全员务农,也不需要从大年初一到腊月三十天天上工、全年务农,工余假日紧紧手,大忙季节打打突击就够了。把所有劳力都捆在极小的土地上阴耗,计划经济体制下几十年的实践证明这是富不起来的。四是不愿多种田。全区今年国家征收商品粮2700万公斤,由于购销两价,农民要因价差而为国家贡献近500万元,意见颇大。有的农民发牢骚,说:"(政府)要钱、要粮、要命(指处理计划外怀孕)找上门,(农民)要肥、要电、要油(指农用柴油)找不到人"。从比较利益来看,农村普遍存在田种得越多,吃亏越大,不肯多种田。农民的这四条意见,是当前农村的实际情况,因此,把粮食生产的严峻形势归结到农村发展了非农经济是片面的。

第四,对提高农村人力资源素质,繁荣农村经济起着长远的积极作用。农村的人力资源丰富。从长远的观点看,现代化的决定因素在于人力资源的开发。现在,我国人力资源的总体素质是:教育水准低,技能水准低,依附人格普遍。要改变这种落后状况,增加教育投入,通过各级各类学校培养是一个方面。但仅此是远远不够的,有许许多多的人员素质因子不是在学校可以学得到的,必须投身实践才能逐步拥有。家庭经济的发展,也能在这方面发挥它的积极作用。一是户办企业吸收了农村中文化、技术素质相对较低的劳动力,使之学习和掌握了相关的文化知识和劳动技能;二是业主不同程度的独立意识、独立人格和创新精神,言传身教,雇员耳濡目染,从而得到有效的培养;三是户办企业里不存在计划经济体制所形成的"两铁一锅"(即铁饭碗、铁交椅、大锅饭),是鼓励从业人员自我开发和再开发的良好环境;四是对这种不需国家和集体投资,就能比较有效地、大面积地提高劳动力素质的好事,如能在今后的劳务市场给其一席之地,可以给人力资源的开发和劳务市场的竞争注入新的活力。

综上所述,家庭经济的生长和发展,从物质形态和意识形态方面,对发展农村经济,致富千家万户都起了积极作用。毋用忌讳,其生长和发展过程中,也带来了不少消极的东西,诸如偷税漏税、掺杂使假、行贿行骗、倒买倒卖,还有囤积居奇、哄抬物价甚至敲诈勒索等等。这些现象,在一定程度上与公有制经济发生了摩擦,干扰了正常的经济秩序,助长了社会上的不正之风。家庭经营者对此既有亏心的一面,也有苦衷难言的一面。况且,上述这些乱象在公有制经济活动中也不少见。因此,我们认为不应该用限制家庭经济发展的办法来保护公有制经济,而应该把注意力更多地放在公有制经济自身改革、完善和发展上来，放在对家庭经济加强管理，为他们营造公平竞争的生态环境，形成较好的风气来解决这些问题。果能如此，家庭经济的消极作用是会被逐步克服的。

对发展家庭经济的几点建议

第一，从形势教育和国情教育入手，进一步统一干部群众对家庭经济的认识，确立把发展个体、私营经济作为农村经济工作的一个重要方面的指导思想。

当前人们对家庭经济的认识并不完全统一，要进一步发展家庭经济，必须把认识统一到十三大报告中有关精神上来。一要把生产力标准的讨论引入农村，联系当地实际，进行切实的形势教育和国情教育，使广大干部群众坚信改革的路线、方针、政策是正确的，其中包括允许多种经济成分并存、发展个体私营经济的方针政策同样是正确的。二是要具体地分析现阶段家庭经济的状况和特征，认识个体、私营经济的生长和一定程度的发展，是解放生产力的必然结果，是对公有制经济必要的和有益的补充。但相对于公有制经济总量而言，仅仅是一个"补充"，如同汪洋大海里的一叶扁舟，不会影响和动摇公有制经济基础，更不会由剥削现象导致剥削制度。各级干部要把发展农村家庭经济作为农村经济工作的一项重要任务来抓。

第二，从热情服务入手，进一步营造对家庭经济有利的外部环境,切实为其发展提供多方面的服务。

现在讲积极扶持家庭经济,不应该只停留在口头上,而要实际行动起来,努力创造对它有利的环境,为它提供各种可能的服务。一要努力造就与之相适应的政治环境。确认家庭经济是农村经济三元结构的一个重要组成部分,破除"社会主义等于公有制加平均主义"的所谓"正统"模式;确认在社会主义制度下,一切劳动者在社会上是平等的,破除一全民、二集体、三个体私营的等级观念;确认对发展生产力有贡献的就是农民阶层中的先进分子,破除党员、干部"唯公是举"的形而上学观念。二要努力造就与之相适应的经济环境。在宏观上,制定多种经济成分相互关系协调、宽松、和谐,相互经济利益合理、互利、有刺激的经济政策。在微观上,乡镇主管公司和"个协"要切实开展活动,不能有其名而无其实,也不能只进行行政性管理,更不能一说管理就是"卡、压、拿"。有关主管部门和单位要为家庭经营活动提供信息、业务、技术、设备、管理、法律等多方面的服务,可以组织业主或工人到公有制企业参观、学习、培训;可以组织同行业的企业负责人举行定期交流会,互通情报,分析市场行情,研究产品质量及技术更新等;还可以给他们开设有关讲座等等。要保护家庭企业的合法权益,奖励和表彰他们中勤劳致富的先进分子,另外,还要让家庭企业主中的佼佼者有用武之地,可以把小、微、亏集体企业给他们承包,或租赁、拍卖给他们经营。总之,要努力做到寓教育、管理于服务之中。三要努力造就与之相适宜的道德环境。破除"均贫富"的自然经济财富道德观,建立劳动致富、会劳动者先富,先富、后富俱光荣的道德新标准;破除"无争""无忧"的自然经济劳动道德观,建立适度消费、以消费促生产的道德新标准等等。四是要建立与之相适宜的法律环境。从法律上尊重和支持家庭经济的客观存在,既使经营者有稳定感和安全感,也有法可依,为加强对它的管理带来方便。鉴于作为一个法律的广泛同一性和现阶段家庭经济发展的多样性,现时可先搞些地方性法规,对家庭企业的政治待遇、法人地位、权益保障、义务责任、市场关系等等,作出一些相对稳定的条文规定,以便在实际的经营活动中,有据可依,并在实践过程中不断加以充实和完善。

第三,切实加强对家庭经济的管理,引导他们提高组织程度和管理水平,自觉地兴利除弊,促使其健康发展。

家庭经济对促进生产力的发展,满足社会不同层次的多方面的需求起了相当积极的作用。但是,在其生长和发展过程中,也暴露了一些值得重视的问题。首先,由于价值规律的自发调节有相当的地区单一性、自发性乃至盲目性,应该通过规定经验范围、提供设备和主要原材料、税收调节和信贷投向等手段,鼓励、支持开发性行业和短缺行业,限制滞销产品和长线产品,从而合理调整家庭经济的行业结构和产品结构。其次,家庭经济,尤其是小工业企业,短期行为普遍,诸如不注意劳动保护和环境保护,主雇分配悬殊太大,利润分配中个人消费膨胀,生产条件简陋等等。对于这些弊端,要采取一些合理的措施,明确主雇关系和地位,约定主雇收入的倍比及雇工工资的基本标准或最低限额,不准任意延长雇工的劳动时间,监督其生产安全卫生条件。对雇主的合法收入应当允许和受到保护,对其高收入,应鼓励他们用于扩大再生产,规定一定幅度的生产发展基金、新品开发基金和技术改造基金等,对其过高收入,可以通过征收个人调节税把一部分高收入收归国家所有。再次,家庭经济分布面广,对一些不法行为,有关执法部门教育和管理存在诸多不便,建议对个体私营企业的税费,可委托乡财政征收,并按一定比例留给乡财政使用。最后,家庭经济多数是经营全民和集体企业不宜经营或经营不到的部分,其中,第三产业是他们经营的重点和热点。他们有船小调头快的灵活性的一面,也有因资产小、规模小、生产条件差、产品档次低,容易被淘汰的一面。因此。要切实加强行业管理。对于那些管理水平低,产品和服务质量差的户办企业,要帮助他们整顿提高;对于多数的家庭经营企业,要以经济利益为纽带,引导同行业之间的联合和分工,在条件成熟、自愿互利的前提下,引导组织合作经济形式,提高市场竞争力;对于极少数产品好、具有较大规模的私营企业,要继续鼓励其生存和发展。如果企业主愿意转归集体企业,想戴一顶"红帽子",集体应该及时承接过来,并继续让其承包经营。

第四,加强和完善对家庭经济的领导管理体系,县、乡、村都要有专人负责。家庭经济分布面广,涉及的行业又多,县对乡镇考核的经济指标中,家庭私营经济所占的比重又很小。地方政府也很少有精力加强对家庭经济的领导和管理。县委、县政府虽然把发展队户体经济作为农村经济的发展战略之一,但是有关部门还未摆上应有位置,条块结合部分有不大不小的空隙。有鉴于此,县、乡两级仍按行业归口领导管理,统计考核。另外,再建立协调机构。县由工商联负责,组织调查研究、政策咨询、归总统计,协调各有关主管部门间的工作。乡镇则成立家庭经济领导小组,定期讨论研究家庭经济发展过程中的重大问题,尽可能帮助他们解决实际困难。村则须指定专人负责,具体管理,服务到户,上下沟通,保护家庭经营者的合法权利。这样,从上到下,层层有人管理和服务,我县家庭经济必将进一步健康成长,为繁荣农村经济、致富千家万户作出更大贡献。

银杏仙子的告诉——泰兴银杏产业反思

此文是对泰兴银杏产业发展历程的回顾和反思。

"银杏仙子"即银杏树,俗称白果树,特别眷爱泰兴,在泰兴这块土地上生根开花结果,传宗接代繁衍,千余年来故事多多。

一、解放前的银杏种植和销售

很早很早以前,银杏树多数被栽植在庙堂、祠堂、学堂等公共场所,以雄性为主,以观赏为主。因为其树干挺且直,树冠大而圆,枝繁叶茂,蔚为壮观,常常被作为地标性树木,很能吸引人们的眼球。

现今,泰兴全境有树龄1000年以上的古银杏12株。其中,最古老的银杏王,树龄1300年,胸径2.1米,树高22.8米,雄性,坐落在泰兴市济川街道三阳村皂角组。冠幅最大的古银杏,树龄1000年,胸径1.9米,树高32米,冠幅 25 米,坐落在分界镇长生社区北周小学内。雄伟的银杏王子坐落在市区国庆路原老干部局内,树龄 1000 年,胸径 1.85 米,树高 14 米,冠幅 11 米。早年因雷击受伤,主枝枯萎,2000 年经抢救修复,现已枯木逢春,抽发新枝。2011 年为防主枝折断,已搭支架保护。黄桥镇横巷小学内有一棵古银杏,树龄 1000 年以上,胸径 1.23 米,高 21 米,冠幅 12 米。据说在抗战时期,这里曾经是新四军的兵工厂所在地,该树的部分枝干曾用于做手榴弹的手柄和担架,故有"抗战功臣"之称。

解放以前,据《泰兴县志》记载,人们对银杏的药用价值和保健价值早已知晓,李时珍在《本草纲目》里就有记载。但是,农户还只是零零星星地栽植,主要供乡人零食,在乡间几乎没有形成市场买卖,所以没有广泛地、有规模地进入家庭栽植。

后来,在泰兴高港码头,有山东、安徽的商人用红枣、柿饼以及其他土特产换泰兴的白果,即银杏。商人们把银杏销往中国香港、新加坡和南洋群岛一带。据说,南洋地域常年潮湿闷热,日照时间长,银杏可以润肺养颜,是南洋人必不可少的保健食品。从此,在高港、口岸及以东的田家河、孔家桥、宣家堡、刁家铺、许庄、马甸等乡村,农户栽植银杏便逐步地多了起来,大概在民国年间,田河乡就称之为"桃果乡"。

据《江苏实业志》载,1932 年泰兴白果出口已达

15000 担以上。旧时一担约 100 斤,15000 担合 750 吨,可见当时银杏的生产和销售已经有了相当的规模。

二、20 世纪 90 年代的银杏产业勃兴

解放以后,在计划经济体制下,泰兴的银杏收购销售由外贸部门经营,没有多少突破,产品主要销往东南亚一带,年销售量 300 多吨。20 世纪 80 年代后期以来,经济体制改革不断深入,计划经济逐步被市场经济所取代,我市银杏出口形势越来越好,银杏的身价也越来越高,并且还不断地被人们发掘、抬升、炒作,至 90 年代中期飞黄腾达,光芒四射,风光十足!在泰兴境内到处都体现出"银杏元素"。

1. 领导重视

市委、市政府把银杏的种植、经销、深度加工作为一个产业链开发,作为全市经济发展的重点战略之一。为此,市委、市政府专门建立了银杏开发领导小组及其办公室。市政府分管副市长兼领导小组组长,外贸公司经理兼办公室主任,经委、科委、外经委、市委办、政府办、宣传部、文化局、卫生局、组织部、人事局、劳动局、农业开发办公室、农业局、多管局、财政局,还有人民银行和"工、农、中、建"四大银行等相关单位作为领导小组成员单位,重视程度可见一斑。

2. 大力宣传

泰兴城区第一座雕塑就是"银杏仙子",她坐落在江

平路泰兴大桥南端与大庆路的交叉口,这里既是泰兴的西大门,又是泰兴的北大门,外地人一进入县城,绰约多姿的银杏仙子就映入眼帘。

市文化系统组织力量创作专题神话片《银杏仙子》,由广播电台编辑部主任裴国珍亲自执笔,省文化、电影部门组织拍摄,在泰兴城乡放映后引起了较大的轰动。原文化局局长骆崇泉和词作家张海共同创作歌曲《打银杏》,在电台、电视台天天播放,欢快的旋律,轻松的节奏,让听众如临其境,共同享受金秋季节收获银杏的喜悦。泰兴电视台的台标就是一片银杏叶,飘逸、灵动。在济川路与大庆东路的交叉口的转盘中,耸立着一座高高的塔灯,三角形的巨型灯箱上,"银杏之乡""教育之乡""建筑之乡"字幕滚动,耀眼夺目。

还有一种特别的宣传形式,也是最经常、最直接、最有效的宣传形式,那就是把银杏果及其深加工系列产品作为泰兴的特色礼品馈赠给亲朋好友、合作单位和关系人。宣传的内容主要是三个方面:一是泰兴银杏栽培历史悠久,总产量占全国的三分之一,泰兴素有"银杏之乡"美名;二是泰兴银杏大佛子,子大、壳薄、肉嫩、浆水足,有润肺、养颜、活血、生津等医药保健功效;三是银杏种植经济效益可观,(20世纪90年代中期)每公斤银杏果100元左右,连银杏叶每公斤也在10元以上,有的人家一棵树一年就能卖到上万元……这些内容,几乎是格式化语言,烂熟于心,脱口而出,当然还带上十分的热情和骄傲。

3. 家家栽植

如前所述,以前泰兴的银杏树主要分布在我市宣泰公路以西、宣家堡至马甸沿线以北的西北一隅。现在,市委、市政府把发展银杏产业作为经济发展的战略来抓,号召全市每家每户都栽植银杏树,起码人均一株。一般在家前屋后栽植,既栽了"摇钱树",又美化了家居环境,得到绝大多数农户的拥护。

许多地方贯彻力度大,要求家前屋后只允许栽银杏树,其余树种被视为杂树一律砍光,搞"清一色"。在我的农村老家,屋前屋后也栽了大小9株银杏树,10多年前就已经挂果收益。当时,也被强行砍掉了几株又高又大的水杉树和桑树,好可惜! 更有少数乡镇,如胡庄、元竹、珊瑚等地赶时髦,将大片粮田改栽银杏树。

对于这种一刀切的搞运动式的做法,有些官员惯于这一手,简单、省事,乃至有点粗暴,老百姓也已经习以为常。但是,难免有一些微词和杂音。例如,把其他树种一律砍光,这不是科学的做法。一个小环境里的植物物种也要尽可能多样化,否则,连害虫的虫谱都可能发生变化,容易引起暴发性的虫灾。再例如,把粮田成片成片地改种银杏,这有可能触及了保护基本农田的底线。泰兴的粮田本来就很金贵,人均只有6分多地。现在改种银杏,万一有一天银杏像以前种的胡桑那样不值钱,被翻了复种,吃亏就大了。甚至当时就有人说"到那时白果没有花生贵,那就惨了"。

4. 研究和推广银杏栽培技术

在全市范围内,如此大规模地栽植银杏树,没有农业、多管部门的技术服务配套跟上是不行的。为此,农业、多管部门举办专题培训班,为各乡镇培训银杏栽培植保员,为农户提供从定植、嫁接、整枝、施肥和后来的授粉、疏果以及病虫害防治等全程技术服务。

对银杏生产中的难题,农业、多管、科技等部门组织攻关,其中,林业站储生华、李群等获得省级以上科技进步奖两项。一项是银杏矮秆、密植、早果、丰产技术,一项是超小卷叶蛾防治技术。这两项成果对银杏生产有着广泛的应用价值和很大的社会经济效益。

大家知道,银杏树号称植物界的活化石,有成千上万年的历史。以前,它从定植到挂果,至少要20年左右,所以泰兴人称之为"公孙树",意思是说爷爷手上栽的树,要到孙子手上,才能收获到较多的银杏果。据载,银杏树要30年才进入盛果期。

现在,林业站在城北燕头林场的试验证明,从小嫁接(矮秆)、集中栽植(密植),挂果期可以提前到10年左右,不再是传说的"公孙树"了。而且,由于银杏树的矮秆密植,授粉、整枝、施肥、采果等田间管理就像管理湖桑园一样,相当方便。我市千家万户所栽的银杏树都采用了这一项技术,提高的经济效益十分可观!

至于超小卷叶蛾的防治,更是一项技术上的突破。过去,老百姓说"银杏树不惹虫子"。其实不然,以前农户种植银杏树时常常发现树叶渐渐地变黄,整树整枝地变黄,整片整块地变黄,接下来就是息枝、落果。但是,人们看不到什么虫子,找不出原因,只是说"惹事""惹瘟"了。好的是一般情况下,不至于全树病死,来年照常放叶、挂果。市林业站针对这一情况,组织力量进行观察、研究、攻关,终于找到了致病的元凶——超小卷叶蛾。因为其"超小",人们的肉眼看不见,它隐藏在叶柄的顶头,吮吸树叶的汁液,所以树叶渐渐地变黄,到最后叶枯、枝息、果落,而且是群发性的。为了防治超小卷叶蛾,可以在授粉后7到10天,大约4月25日左右,在叶面喷施按一定比例兑水后的"乐果"或"敌杀死"药液,效果比较好。

由于技术人员的精心指导,千家万户的精心培育,全市拥有定植嫁接银杏树550万株,其中,盛果树150万株,每年白果产量8000吨,占全国白果总产量的三分之一。我市银杏栽培系统技术,包括矮秆密植、嫁接、人工授粉、病虫害防治等,2015年11月荣列"中国重要农业文化遗产"名录。

5. 市政府坚持出"银杏牌"

泰兴地处长江下游冲积平原,人多地少,无自然资源优势,唯有银杏还能值得泰兴人引以为豪。据了解,全国银杏产区主要有4处:一是我们泰兴,产量占全国总产量的三分之一;二是江苏徐州邳州市到山东郯城一线,近几年开发力度也很大;三是苏州东山一带;四是广西桂林等地。银杏是泰兴的一张名片,经市人大常委会批准,银杏树被定为我市的市树,市政府把银杏作为一张金字招牌抓住不放。

1992年10月,金色的秋天,金色的银杏,十分迷人!市政府决定举办首届"银杏艺术节",银杏为媒,艺术搭台,经贸唱戏,招商引资。全市各乡镇、各相关部门都下达了招商引资的硬任务,实行硬考核,并且以此计发奖金。艺术节期间,举办几场大型文艺演出,聘请全国知名的歌唱家、艺术家以及省前线歌舞团等文艺团体来泰兴演出,200、300元一张票不等。1992年至1994年,连续三年如期举办。从1995年起,经市委、市政府采纳了市科委的建议,将"银杏艺术节"更名为"银杏科技节",意在银杏为媒,科技与经济联手,同台唱戏,聘请高等院校、科研单位的专家教授来泰兴发布科研成果,洽谈科技合作开发项目。当然,更欢迎客商直接来我市投资兴业。

之所以作出如此调整,一方面意识到科技的先导作用,抢先一步开发;另一方面,如果还像前几年那样举办银杏艺术节,明星难请,像毛阿敏、刘欢、朱军、宋祖英、李思思等都来过,但到后来明星们一般不再到小县城,而且出场费越来越高,一个人一次都是几十万(税后)。这些花费,政府都转嫁给了企业,特别是知名企业不堪重负,叫苦不迭。调整为"银杏科技节",科技主管部门事前做了大量细致的工作,组织力量到高等院校、科研单位收集科技成果信息,然后汇总、筛选、发布,联系对接企业。在科技节期间,不再举办大型文艺活动,而是把大部分时间放在专家教授与相关对接企业的考察、互动上,企业普遍反映良好。

以后的几年,一直到 1999 年,基本上坚持了这种模式,企业也结识了不少科技界客人,主动、及时地与他们进行联系、洽谈。而今,许多企业不再像以前那样依靠科技部门牵线搭桥了。大概是 2000 年以后,"银杏科技节"又更名为"中国(泰兴)银杏节",还是在每年 10 月收获银杏的金秋季节举办。名头越来越大,其实质还是银杏为媒,经贸、科技唱戏。直到现在,政府仍然坚持打出银杏这张牌。

政府打出"银杏牌",还体现在诸多方面。因市府东迁而国庆路东延,取名"中兴大道"。为了彰显银杏之乡的特色,中兴大道的两侧以银杏树作为行道树;市政府南对面开辟了一个"银杏公园";特邀泰兴籍著名作家刘鹏春写了一首《银杏赋》,用神奇的文笔,歌颂了银杏树,歌颂了泰兴人。

从十几年之前开始,市政府及宣堡镇政府又精心打造了"江苏泰兴国家古银杏森林公园",全国当属首创。古银杏公园坐落在"中国银杏第一镇"泰兴市宣堡镇境内,红线控制总面积 28.68 平方公里,辖张河、纪沟、西宣、郭寨等 9 个行政村。2003 年被江苏省林业局批准为"江苏泰兴省级古银杏群落森林公园"。经过十多年的打造,2013 年 12 月被国家林业局批准为"江苏泰兴国家级古银杏公园"。现有定植银杏 65800 株,其中,挂果树 17100 多株,千年古银杏树 2 株,200 年以上的银杏树 508 株,100 年以上的银杏树 5226 株,是全国乃至世界罕见的古银杏群落。古银杏枝繁叶茂,树冠巨大,和当今泰兴矮秆嫁接银杏树的独特姿态老少一体,或围于村庄,或分布于沟边路旁,浑然天成,相映成趣。四季景色各有千秋,春季嫩绿欲滴,夏季遮天阴凉,秋季黄金铺地,冬季银枝挺拔,真可谓自然之奇观。透过古银杏树林,一栋栋农家小楼点缀其间,坐在"农家乐"里,就点小酒,吃着"银杏宴",干炸银杏、糖水银杏、仔鸡炒银杏、莲子炖银杏,主食来碗地方特色小吃"宣堡小馄饨",不亦乐乎!特别告知,宣家堡也是江苏省红色旅游线路上的一个节点,是苏中七战七捷的首次战斗——宣泰战斗所在地。红色旅游胜地上,建起了一座绿色的古银杏森林公园,真是锦上添花。

6. 银杏深度开发

把银杏作为一个产业开发,不仅包括银杏树的生产栽培,还包括果仁、果叶的深度加工以及相关系列产品的经销活动。银杏浑身是宝。小树苗可以卖给人家作为定植、嫁接用,有的热心人还用以培育银杏盆景。大树苗可以作为行道树,既绿化,又美观,一度行情不错。银杏树的材质细腻、偏软,可以作雕刻用材,做砧板不伤刀。银杏果(通称白果）实际是银杏树的果实中的核，是人们可以直接食用的部分，炒、炸、煨、炖都行，配什么菜都行，只是不要太多，因为银杏的胚芽中有微毒——苦内酯，尤其是在春天植物"报青"时，就是胚胎将要发芽时更不要多吃。

如果把银杏果粉碎，加入其他成分，可以生产像银杏晶、银杏奶茶、银杏酒等饮品。早在 90 年代初期，刁铺啤酒厂当时隶属泰兴县，是最早生产银杏晶的厂家。据时任厂长的樊仕俊介绍，一小袋银杏晶里真真实实含有 7 粒白果，350 粒 1 斤，市价 50 元，光银杏果的成本就有 1 元。一包银杏晶出厂价 1 元 7 毛，零售价 2 元 5 毛，毛利润还是不低的。

银杏叶的开发也颇有成就。银杏叶里含有黄酮甙，对于心血管系统的疾病防治有显著效果。也是在 1992 年，位于口岸高港的扬子江制药厂当时也属于泰兴县，该厂研究、开发了"银杏叶片"药品，面市以后用户反应良好。另外，还有"强强""汇强"等银杏深加工企业，将嫩银杏叶和茶叶一起制成"银杏叶茶"，可以有效地防治"三高"。将银杏粉和奶粉一起制成银杏奶茶，他们也生产银杏晶，等等，均受到老人、小孩的欢迎。

在银杏深度开发方面，还有不少课题有待进一步研究开发，如银杏果的剥壳冷冻保鲜技术，既要方便用户，又要保持新鲜银杏的翠绿、糯性；再如，银杏果的果肉有杀虫作用，人们做白果时，手上的皮肤常常被浸破，果肉里含些什么有用成分,能不能制成农药? 这些课题如能攻克,就是我市银杏产业的潜力和发展空间所在。

三、近 20 年银杏产业的衰落

峰回路转,日月轮换。市场经济就是这样,当一种商品走俏,生产商就极力地,甚至麻木地生产,结果产品过剩,市价下滑。滑到谷底时,生产商大幅度地减少生产量,甚至停止生产,因此供应量严重不足。随之而来的就是市价又开始上扬,生产商又开始增加生产,供应量又渐渐地回升。如此循环往复,市场这只无形的手无时不在,市场经济规律无所不在,我们的银杏生产也逃脱不了。

20 世纪 90 年代中期以后,泰兴银杏做足了文章,占尽了风光。然而,却走到了顶峰。时光进入新世纪以后,泰兴银杏不是那么抢眼了。不知什么时候,"银杏仙子"雕塑被拆了,银杏果身价也一落千丈。每公斤银杏价格,从 20 年前 100 元,到 10 年前 10 元,再到几年前的几元,到去年,每公斤两元都没有人要。

今年春天,老百姓气得连花都没有打(打花,指授粉),可不知道什么原因,可能今年是大年,银杏树挂果偏偏比往年多。由于人们不屑于再去精心管理,如施肥、疏果、治虫等,所以,果子普遍偏小。到了金秋季节,往年收获银杏的喜悦荡然无存,成熟了的果子任意飘落,无人问津。尤其是一些散落在路上的果子,任凭行人和车辆碾踏,白浆四溅;

有的虽然被主人收集了起来,但是很少有人去继续沤泡、脱皮、晾晒成白果,因为即使成品白果全部卖掉,连最起码的加工费也抵算不了。有的人家甚至把收集起来的白果连肉带核倒进了粪坑沤肥! 更令人心痛的是,许多农户无奈地将亲手栽种、曾经引以为傲的白果树砍伐!

这几年,我市仍坚持举办了中国(泰兴)银杏节,新闻报道称取得了许多成果,却没有关于银杏开发或销售项目的报道。须知,银杏开发、销售是关系到千家万户的民心工程、德政工程,如果经过各级政府的努力,即便是每斤白果多卖 5 角钱,对全市老百姓都是一笔不小的收入。

四、反思和建议

我已经退休 10 多年,而且又不常住泰兴,看到的和想到的难免有错误和偏见。冷静地思考泰兴银杏这篇文章,政府该做什么? 能做什么? 不是可以简单回答的,也不是容易回答正确的。我思之再三,建议如下。

一是保护银杏,保护环境

银杏果几乎到了分文不值的程度,多数的农户不再像以前一样精心管理银杏树了,有的则不闻不问,听其自然,更有少数人家甚至想退林还田。在这种情况下,政府应该统一上下思想,号召千家万户保护好银杏树,保护好来之不易的良好居住环境。须知,银杏果虽然不值钱,但是,在许多情况下,价值并不等于价格,不能因为银杏果不值钱,它在食用、保健、医药等方面的作用就不存在,银杏树依然浑身是宝,银杏果留给自家用,送给别人用都是好的。

事实上,泰兴人本身食用银杏的习惯还远远没有养成。如果,泰兴有一半的家庭坚持食用银杏,银杏树就不会像现在那样受冷遇,这是其一。其二,泰兴的银杏树栽植,绝大多数在20世纪90年代前后,树龄都在20年以上。十年树木,百年树人。千家万户,人均3到4株,全市400多万株银杏树,家前屋后,绿树成荫,空气清新,心情舒畅,这本身就是一笔巨大的财富,其保护环境的价值不可估量!其三,银杏的市场行情未必就没有转机之日。现在不把它当宝贝,甚至把它废了,到时候值钱了,想再要它绿树成荫、硕果累累就迟了。

二是优化宣传,引导消费

早在20年前,关于银杏的宣传力度不可谓不大,到处是银杏元素和银杏名片。时至今日回头来看,宣传力度固然要大,更重要的是做必要的改进。

首先,要充分利用我市各类媒体上下左右的人脉关系,强化在外地的宣传,有可能的话应在外地建立相对稳定的专题宣传银杏的阵地,尤其要在城镇老年人经常聚集的地方建立宣传阵地。

其次,要像创作《银杏仙子》神话故事片那样,制作一部关于银杏的科教片,尤其要让银杏的保健和医药功能用科学来说话,使人相信泰兴人不是自吹的。

再次，宣传过程中，要帮助消费者消除消费疑虑，如银杏有毒，不能多吃，如银杏果硬壳难剥，吃起来很麻烦等等。银杏的确有微毒，不要忌讳。宣传时，要以科学为依据，说明微毒在哪里，人们要吃到多少银杏才会有毒素反映。一般情况下，尽可以放心去吃。至于壳硬难剥，这根本不是难题，因为一般情况下，一次吃不了多少，而且，把银杏果放在微波炉里加热半分钟至 1 分钟，硬壳自然爆裂，翡翠样的果仁，糯糯的，香香的，真馋人。这样有针对性地进行宣传，可以让消费者消除疑虑，逐步接受银杏这一种好东西。

在这里，我想起了奶产品在我国的生产和热销过程。奶产品过去只是外国人不可缺少的食品，而在我国，牛奶在 20 世纪 80 年代及以前，只有极少数人饮用，有许多人刚刚喝牛奶时肠胃还常常不适应，甚至要腹泻。然而，由于生产商和销售商的强势推进，也只有 20 年左右的时间，现在中国城乡各地，男女老少，都在消费着形形色色的奶制品。

当然，我们的银杏及其制品，不能当主食填饱肚子，也没有奶制品吃起来那么方便。但是，如果也像奶制品厂商那样强势推进，引导消费，我们的银杏及其制品也可能不像现在这样惨淡。如今人们的保健意识日益增强，"治未病"几乎成了时尚，我们的银杏及其制品正好适销对路。泰兴人，努力吧，坚持住，泰兴的银杏产业前途是光明的！

三是政府引领，推销第一

一个商品的价值，只有当它被推销出去、资金回笼之后才得以体现,否则,只能叫产品。所以,作为一个企业来说,推销是第一位的。而我们的银杏树生长在千家万户的家前屋后,不是一个企业的生产。要想把大量的、分散的银杏推销出去,必须要有一批中介人和相关企业在银杏收获季节及时收购。政府为民办实事,更应该千方百计地帮助千家万户推销白果。

我以为,首先,政府要责成相关部门,如外贸局、外贸公司、商业局、供销总社等,发挥他们的优势,利用他们原来的购销渠道和人脉关系,收购、推销银杏。

其次,动员现有的银杏深加工企业,抓住银杏价格低迷之机,扩大生产,增加收购,有助于保护农民栽植的银杏树,保护农民的利益。如果企业需要,政府能在贷款、税收、仓储等多方面给予扶持,那就更好了。

再次,以食品、保健品名义,想办法在城市的商场、超市里为银杏及其制品争得一席之地,花代价、设专柜,租也好,代销也好,一个重要目的就是宣传银杏果及其银杏晶、银杏叶茶、银杏奶茶等银杏制品。我不知道现在的商场、超市里为什么没有银杏及其制品卖,而只是在地摊上偶尔见到银杏果,有的老太太、老爷子花多少多少钱,买多少多少没有大用的、甚至是假的保健品,而为什么像银杏及其制品这样货真价实的好东西却没有多少人问津? 真让人想不通。

最后,用心引导本市餐饮业在菜单上增设以银杏为食材的菜肴,像中国(泰兴)银杏节期间那样,把这道菜肴做得引人口馋。墙内开花墙外香，墙内尤其先要香。泰兴的餐饮业不可谓不发达，无论大酒店、小吃店，生意都不错。如果市餐饮协会、市场监管局及相关单位以及面广量大的个人餐饮消费，都用心宣传、推销银杏及其制品，同时，在各大人流密集区开设银杏专卖店，如此等等，日积月累，光本地市场消费就是一个不小的规模。

对经济工作，诸如银杏的生产和销售，我不在行。上面关于逆转银杏产业困境的想法，完全出于对银杏的感情，出于对家乡的热爱，出于对百姓利益的关注。

银杏产业在我市已经具有相当的规模，在全国也有一定的知名度。而且，银杏树早已经人大决定作为我市市树。我们相信，市委、市政府及各级领导，尤其是主要领导，一定会本着"为官一任、造福一方"的宗旨，放眼长远，通观大局，坚持把银杏产业作为我市重要发展战略之一，像抓重大开发项目、推进城乡建设那样，重振银杏产业，重塑中国泰兴银杏这张靓丽名片。

（本文写作始于 2014 年深秋，2015 年暮春成稿于金陵儒林雅居，2019 年吸取了王老部长和春官主任的意见后，进行修改，最终定稿。）

泰兴县城建设的变迁与反思

2014 年秋,我常常骑自行车到处闲逛,小南海、县政府、仙鹤湾、老公园、省泰中、老北门燕头、大西门宝塔湾等老地方都去,看看有些什么变化。

故地重游,感慨万千。县政府政治中心地位不再,被改建成"三馆"(城市建设馆、泰兴名人馆、博物馆);仙鹤湾老公园破败不堪、少人光顾;泰中没有了以往的神圣;老北门燕头没有了昔日的光环,许多老字号国营企业不复存在;宝塔湾的宝塔少了往日的神秘。

想起往事,每一个地方都有许多的故事,甚至还有些牢骚,可能是我们这些老年人怀旧心态的缘故吧。

一、县府大院

泰兴设县始于公元 937 年,即南唐升元元年,至今已有 1000 多年的历史。县治起初在柴墟(今高港口岸),后迁至延陵(今泰兴城)。我 1957 年到城里读高中,始知县政府是个啥样。自 1973 年起，我一直在县级机关工作至退休，其间，还在县府大院里的几个单位工作多年。我印象中现有县政府的规制应该是民国年间和解放初期陆续形成的，东临小南海，西连鼓楼街，北枕县家汪，南经县前街至大成殿（今烈士堂）、老公园以及老戏院、招待所、泰中、泰师等，乃一处风水宝地。

县政府大门朝南，宽二丈左右，门槛又厚又高，大门两边的照壁又高又长，呈外八字形，即所谓"八字衙门朝南开"。由大门而入，迎面就是中山塔。这是民国时期县以上政府的标配建筑物，1928 年建造。塔身呈正方形，砖木结构，四层，高四丈八尺，最高层正面书"中山纪念塔"，二层与三层之间有孙中山书"天下为公"四个大字。最高层平顶上支一铁架，架下悬挂一口大型铜钟，有专人鸣钟报时，其钟声洪亮，传至方圆数里，老城区内的大街小巷全都能听到。当时，中山塔是城内最高建筑，在顶层俯瞰全城，历历在目。因此，时时有值勤人员登顶瞭望。一旦遇有"走水"（指着火），及时鸣钟报警，并且约定"一东、二西、三南、四北、五中"，以急钟催警，以信号指示火警方位。

中山塔的底层边长约 10 米左右，并设计成空跨式，中间留有一条 3 米多宽的过道。过道的路面用彩色水泥铺就，并嵌入铜条，构成端庄大方的几何图案。啊，那个水泥才叫作"正式""高质量"！我印象中到了 20 世纪

80、90年代，足足半个世纪以上，每天有多少人、车通过，那条路的水泥仍然没有破碎或跑砂，与现今的水泥质量简直不可同日而语！

走出彩色水泥过道，沿一条约6尺宽、百步长的南北向大路，即进入中山堂，俗称"老爷大堂"。大路由大滚砖（青砖，长25厘米、宽15厘米、厚8厘米）竖向铺就，结实、美观、大气。大路的两旁是树木、花圃，面积虽然不大，其间种植的品种却十分精当，如松柏、紫荆、桂花、曲柳、紫玉兰、小叶黄杨等，好多花木的年代还比较久远。"老爷大堂"坐北朝南，据说原来是敞厅式的，后来被改成一个小礼堂，大约可容纳200多人，所以也常常叫作"政府礼堂"（以下简称"礼堂"）。礼堂放弃了我国传统的宫殿式结构，采用了大跨度人字梁加横檩、边柱，支撑起轻质屋面。屋面也不用望砖、小瓦，而是用杉木长条板和洋瓦（平瓦）替代。礼堂内北顶头是宽大的讲台，讲台后沿安放了一座大面屏风，屏风的后面是进出礼堂后门的台阶；讲台的两边各有一间侧室，一为主席台人员的休息室，一为放置会务用音响、茶水等设备的专用工作室。整个礼堂的设计和设置简洁而实用。据说，县衙大院的建成可追溯到宋初，恕未能考证。

中山塔和礼堂是一个县治的中心，以它们的连线为轴线，布置其他的办公用房。20世纪80年代以前，大堂的左右两边各有前后4排平房，每排6间，均为传统的中式建筑,青砖黛瓦,望砖木椽,天花板封顶,前沿有 1.5 米宽的廊道,后檐墙和山墙顶部都挑出 60 厘米的遮雨板。这类办公用房,因其进深不长,前后都能采光,通风透气,冬暖夏凉,很是舒适。大堂正后面,还有前后两排、每排 7 间平房,前排居中的一间留作通道,规制同前,只是走廊东西两端的一间没有了廊柱,将廊柱间砌成面墙。整排平房的轮廓酷似一只老式铜锁外壳,故有叫"锁壳式"平房。这大堂后面的两排平房,主要是县委、县府主要负责人及其办公室用房,两侧的 8 排办公用房则安排其他部、委、办、局。县府大院布局规整,实用大气,其规格可能也是上级标配的。机关食堂及工人宿舍,也是机关大院的必然配置,被安排在县府大院的西边区域。

80 年代以后,随着县级机关机构和人员的增加,机关大院又先后增加了几栋楼房。先是将大堂后面的两排平房拆除,新建两栋办公大楼,主要是政府系统使用;再在东边 4 排平房以东的空地上,拆除了最东北角的公共厕所和沿东河边的小棚屋,新建了两栋小楼,主要是县委系统使用;后来又拆除大堂西边的一排平房,新建一栋大楼,专供人大系统使用。即便如此,办公用房还是紧张。到了90 年代中期以后,多数部门,如计委、经委、科委、农委、计生委,教育局、卫生局、文化局、体育局、劳动局、人事局、民政局,农业、多管、水利以及交通、供电、建设、建筑等部门,还有工业、商业等几大公司,都在机关大院外面建了大楼，单门独院。机关大院里面，除了组织、宣传、纪检、统战等部门外，就剩下统计、团委、妇联、党史办、侨办、侨联、台办、信访、档案等单位。

时至 21 世纪初，泰兴市委、市政府作出了一个重大决定，那就是政府东迁，泰兴城区重点向东、向南发展，而在 80 年代后期及至 90 年代，泰兴的城区建设规划是向西面沿江化工经济开发区发展的。2006 年，市委、市府及其所属机关大院里的部门以及大院外面的大多数部门，如经委、计委、科委等，全部乔迁到新区新建的行政大楼，老政府大院空空如也，历史悠久的泰兴的政治中心被无奈地画了一个句号。此时，老泰兴人十分担心时任党政一把手的领导干部都是外地人，他们对小南海、老政府这块风水宝地没有什么感情，而且当时炒地皮之风正盛，土地财政之需正急，如果把政府大院作为商住房开发用地卖给开发商，就对不起泰兴人的老祖宗！所幸的是后来政府并没有把老政府大院置换成商住房用地，而是将院内房屋全部拆除，新建了"三馆"——城市建设馆、泰兴名人馆、博物馆，而且馆外的布置颇具匠心，小桥流水，湖石修竹，树木花草，亭台碑廊，一应俱全，实在是市民，尤其是老城区居民休闲娱乐的好去处，这是值得点赞的！还有值得点赞的是中山塔被保留了下来，虽然修缮中原状有所改变，但毕竟保留了这里曾经是县治所在的印记！

老县政府改为"三馆"后，我去看过两次。一次是专程独自去的,详细地参观一遍,总体感觉尚好,让泰兴人了解泰兴的历史和光荣,有必要补上这一课。第二次是我市书法家徐伯生的书画展,正值新中国成立65周年之际,这次去的人自然多。由此,我在思考如何充分利用好"三馆",发挥其作用。

建议相关管理部门要在这方面多动脑筋,主动、积极与市内文化、教育部门等相关单位联系,组织中、小学生前来参观,组织书画名人展出作品,政府相关部门和单位也要注意引介外地人员来"三馆",向他们宣传家乡,推介家乡。另外,"三馆"内的陈列内容也要与时俱进,定期增添新的资料,让参观者耳目一新。

二、仙鹤湾老公园

这也是老泰兴人会常常想起的地方。在20世纪90年代以前,老公园几乎是泰兴人休闲的唯一去处。我家在1984—1994年期间,就住在县政府1号楼,东面紧邻老公园,站在阳台上可以把公园看得一清二楚,所以,对老公园特别熟悉,特别有感情。

它虽然不大,但是有山、有水,有亭、有台、有花房,还有个小小的动物园。一进大门就是一座假山,山里有个洞,尽管窄得只能一个人通过,但是弯弯曲曲,上下几级,从洞口进入,穿过山洞,由山顶出来,还有点趣味,尤其是小孩子们,最喜欢从这个山洞里钻上钻下、钻进钻出。从山顶下来,向西是一个花房,花房里除了应时花草外,还有许多盆景,有的盆景还相当资深和金贵。假山的东边是一条南北方向的小河,岸边长满了杂树乱草,高高低低,大大小小,原生态,纯天然。

沿河边向北,有座小亭,亭中有一块民国时期的纪念碑,碑文是"陆军少校赵烈士金声淞沪殉难纪念碑"。该碑1953年7月重修过,现已迁至龙河北岸中安轮遇难烈士纪念馆内。

再向北走上一段鹅卵石小路,就是老公园的北大门。出得北大门,右拐弯就是一座横跨在南北小河上的东西向小桥。小桥不长,也不宽,仅仅是用三四块长条石板平铺而成,虽然简陋,倒也与小巧的公园相般配。

过桥右拐,沿小河的东岸向前,就是公园管理处和一个小得不能再小的动物园。管理处是小二层楼,青砖黛瓦、飞檐翘角、古色古香。动物园地盘虽小,猴子、老虎、梅花鹿、孔雀、珍珠鸡、豪猪、刺猬等动物基本齐全,还有各色各样叫不出名称的小鱼、小鸟,能让小孩子们,尤其是从农村来的小孩子们乐个够。有时公园管理处还延请一些同行来泰兴展出诸如蟒蛇、大象、斑马、长颈鹿等老公园没有的动物,让泰兴人饱饱眼福,长长见识。

如今,随着泰兴对外开放进程的加快,政府规划将包括位于公园南大门对面的千年古银杏树、老公园段、北面的大成殿段、再北面的老县政府小南海段,整体包装为"仙鹤湾风光带"。

这种整体打包的创意应该说是好的,只是包装工程主要在南段动了手脚,而且改造得不尽如人意,如老公园的假山后面,拆除了花房,人为地堆了一大堆土石,其上栽满了树、竹,并与假山连成一个整体,把小河西边本来就不大的空间塞得满满的,令人有点压抑。

假山东河边利用河岸新辟了一条南北方向、长50米左右的"百鹤字碑",都是泰兴当地一些较有名气的和泰兴原籍的外地书法家的作品。碑脚连接花岗石地坪,从地坪拾级而下,一直延伸到水面。这倒是一块令人驻足之地。只是小河的水又浅又脏,甚至有时又黑又臭,几条小划艇停泊在那里,显然,好久没有人问津了。

从字碑长廊上去,原来的抗日将官纪念碑不在了,代之的是一尊人称"伏虎和尚"的坐姿石质雕塑,左手托一只食钵。据说,这个作品取材于泰兴的一个传说。这里原来有一座广福寺,又称"十院寺",是唐代时我县最大的寺院之一,外来的游僧都去寺内"挂锡"(食宿)。唐末,外地来了一位法号为法响的和尚。法响为人憨厚,肯吃苦,乐于帮人,而且法力了得,能把吃饭用的陶钵像拿半个皮球似的翻里翻外,洗来洗去。后来,人们就把寺前这洗钵的水塘叫"洗钵池"。该池位于原县政府一号宿舍楼后面。

更有传闻说,法响曾经只身一人,手提一条闩门杠,降伏了经常危害百姓的一只老虎。尔后,法响和尚失踪,虎患也由此绝迹。有人说依稀看到法响骑在老虎身上,向东南方向飞驰而去。邑人为此尊称法响为"伏虎禅师",并为之塑像。而今,仙鹤湾风光带重新为法响塑像,倒也体现对乐善好施、为民除害之人的怀念。但是,依我看来,这一块的包装不甚得体,把本来巴掌大的地方塞得透不过气来,没有多少空灵感。原来小河上的石板桥现在变成了石拱桥,由于跨度小,拱径大,拱桥显得十分陡峭,陡峭到明显的比例失调,甚至让游人有点害怕。小河东边的动物园变成了篮球场,旁边安放了一些简易的健身器材,变得喧闹了。

老公园北面大成殿建筑群一段,原来的建筑物,包括魁星阁、泮池(俗称"洗笔池")、牌楼、石碑、大成殿(今烈士堂)等,基本上没有动,石碑上镌刻的"文武百官军民人等到此下马"的字迹仍然清晰可见,颇有厚重感。牌楼上的匾额"金声玉振"四个字原为民国时期泰兴名士朱铭盘题写,现改由当代著名书法家王冬龄书写,写得相当好。遗憾的是,在魁星阁和泮池前面,包装工程塞了一座体量比较大的饭店,喧宾夺主,没有了文庙原先那种庄重感和书香气。在饭店消费的食客们往来穿梭,欢声笑语,有辱斯文!特别令人遗憾的是,泮池南面的一段水体被毁了,河水完完全全不能用了!记得20世纪90年代以前,这里的河面宽阔,河水清澈,用石板砌成的又长又高的水码头上,每天早晨排满了人,洗菜的、淘米的、洗衣服的,一派忙碌景象。

总之，依我看风光带的这两段包装，并没有给人们带来多少赏心悦目的风光，倒不如不搞这类画蛇添足的所谓包装，把"带"内的大路小径收拾整洁，把宝贵的河水打理得干干净净，让它重新活起来，再现当年风光。再在路边、河岸添放一些条凳、石墩，栽一些配套的遮阴树木，反而会增加人气，不像现在这样让人感到脏、乱、闷、堵，完全不是老公园门口碑文上所说的那样风光诱人。

如能将奎文阁、泮池那里的饭店搬迁，让这两个文庙的标配建筑"重见天日"，恢复那里的庄严感和书香气，那就更好了。

三、江苏省泰兴中学

在泰兴人心目中，"省泰中"是泰兴的最高学府，尽管有电大和师专。我是泰中 1960 年的高中毕业生，我的三个孩子也都是泰中的校友。所以，我每次回去，总要抽空去母校转转。1957 年秋学期，我刚进泰中读高一。这一年，全国上下整风反右，时任校长兼党支部书记叶复初，就是从副县长岗位上调来学校加强领导的。叶老校长到泰中以后，教育教学质量不断提高，省委分管文教卫生工作的副书记陈光在全省教育工作会议上专门称泰中是后起之秀。泰中历来是泰兴出人才的高地，在我儿子以全市高考第二名的成绩从泰中毕业的 1992 年，全校 6 个班考取清华大学和北京大学的同学就有 8 个之多。

泰中又是泰兴教育文化的圣地,至今已有 150 多年的历史,其前身是襟江书院。书院与后来用作烈士堂的孔庙大成殿一河之隔,包括大门、重门、两厢的号舍(旧时考生读书、准备应试用房)以及正厅讲堂等一套完整的建筑群,现在已作为文物被保护在省泰中里面。泰兴人一直把这里当成"龙脉"所在,进了泰中门,等于进了大学门,等于跳出了"农门",跳进了"龙门",成了"国家人"!我们这些泰中学子对母校有着特殊的感情,母校有成就我们骄傲,母校有动荡我们纠结。

我 2013 年在家休息时,去了学校一趟,恰好遇到一件值得骄傲的事和一件让人纠结的事。值得骄傲的是学校在参加全国和省学科奥林匹克竞赛中取得了优异成绩,校门口好大的电子屏幕上,显示有三个学生在全国比赛获奖,有 10 多个学生在省级比赛中获奖。我的外孙女(二女儿的女儿)一个人就获得了 5 项:语文、数学、化学、生物都是省一等奖,物理是省二等奖。

纠结的是听说泰中要整体搬迁到老城区东北郊张陈村。我没有去向政府有关部门、有关人员求证,也没有必要去求证,并且内心里不希望这是真的。但是,每当同相关熟人谈及此事,他们都说得有鼻子有眼,甚至说张陈那里已经动工。

搬迁的主要原因是两个:一是缓解鼓楼东路在放学

时的交通压力。是的,泰中现有班级五六十个,学生总数3000人,一到中午放学时,正好又是下班高峰,加上学校东边镇海门桥下不到300米处,还有规模大小差不多的济川初中北校也在放学,两校的学生及其家长们东来西往,整个国庆东路拥挤不堪。加之现在有私家车的学生家长越来越多,各式小车行驶在滚滚的人流、车流(非机动车)中,真不如没有车的快!下午放学时,离家稍远些的泰中学生虽然不回家吃晚饭,但是送饭的学生家长很多,还是拥挤不堪。

二是拉动城区老龙河北部的发展。老龙河西引长江水,东流而下,穿城而过,城区的大部分在老龙河南,小部分在河北。河北的发展本来就滞后于河南。现在,城区的发展方向又是向东、向南,更引起了河北广大居民的强烈不满。于是,早在七八年前市政府就决定把市公共汽车站和泰兴镇镇政府先后北迁至城区东北郊张陈村和闻垡村,以期拉动龙河北的发展。但是,效果不佳,因为人流量少,滞留量更少。如果把省泰中迁址到张陈,3000人的吃喝拉撒,还有2000人左右的陪读家长,光房租就是一大笔收入,至于每天的餐饮、日用品的消费,对于张陈和闻垡人来说,更是一棵又高又大的摇钱树。

真是政府有政府的道理和难处,泰中人有泰中人的意见和担忧:泰中迁离了原址,还像以前那样人才辈出吗?针对交通压力,就不能实行诸如错时放学、四面校门打开等缓解交通压力的措施吗？还有，泰中真的动迁以后，这里留下的房子、地皮是继续作为文化教育用房还是移作他用，置换成商住用房？从另一个角度看，泰中现有所在地是百年老校襟江书院所在地，历史悠久，文化底蕴深厚。新的迁校方案是将泰中全部让出，而不是保留老校，新建分部，从历史文化保护的角度看，似有缺失。

我相信，如今当政者应该不会把这个"圣人之地"变成商品房用地。偌大的地盘，众多的房舍，还有一个标准体育场，对老城区乃至全市市民而言，是难得的宝贵财富。如何充分利用这块宝地，建议市委、市政府交由宣传部门牵头，文化教育、体育等其他相关部门共同参与，将其变为展现文化品位的场所，诸如书场、舞场、各类球场，还有图书阅览室、棋牌活动室乃至各类文化、教育、体育等培训场所，让城区人们在这里选择适合自己的兴趣爱好的项目，参与活动，学习知识，提高技能，陶冶心情，修身养性。能如此把老泰中宝地嬗变成泰兴人民的大文化广场，那真是广大人民喜闻乐见之事了！

四、老北门"国字号"企业

老北门燕头集中了泰兴城区多数规模较大的国营工厂和公司，如机床厂、仪器厂、食品加工厂、农机修造厂、化肥厂、糖烟酒公司、医药公司、五化交公司、木材公司等等。改革开放以前，"北门燕头"几乎成了"国营老大哥"的代名词,从厂里、公司里走出来的人,无论是干部还是工人,都有一种优越感。究其原因,主要是两条,一是身份优势,二是物资优势。先说身份优势。在改革开放以前,城乡差别较大,户口性质界限分明。凡是在国营工厂和公司的正式人员,都是居民户口,吃国家粮,拿固定工资,捧铁饭碗。而在农村的广大农民则不然,吃饭、用钱一半靠自己苦挣工分,一半靠老天风调雨顺,常年生活在忧思之中。再说物资优势。在计划经济年代,物资紧缺,连火柴、肥皂都要凭票计划供应。谁家有事需要点猪肝、腰子、大肠或者板油之类的猪副食品,就要花心思到食品厂找人批条子、开后门;谁如果需要点白砂糖、飞马香烟、洋河大曲等稍稍体面一点的日用品,就要花心思到糖烟酒公司找人批条子、开后门;特别是需要到化肥(碳酸氢铵),哪怕只是氨水(化肥厂生产时排放的废水),不仅要到化肥厂找人批条子、开后门,还要提前几天到厂里排队、等货。在那时,找人批条子、开后门几乎成了常态,谁能批到条子、开到后门,不以为耻,反以为荣,别人也会对他刮目相看。厂里、公司里的人近水楼台先得月,更是让人羡慕不已。

改革开放以后,情况就大不如前了。而且随着改革开放的不断深入,传统意义上的计划经济逐步解体,市场供应应有尽有,卖方市场变成买方市场,地方上"国字号"的企业绝大多数风光不再,改的改,卖的卖,甚至有的连厂房都不复存在了。机床厂门可罗雀,食品加工厂残缺不全,仪器厂、化肥厂、木材公司变成了住宅小区,糖烟酒公司、医药公司看不见往日醒目的招牌,五交化公司因扩路之需不剩一砖一瓦,整个老北门燕头几乎都在等待房地产大佬去开发,没有一点儿生气,没有一点儿光鲜。

为什么地方国营企业兵败如山倒呢?我想至少有下面几个原因。首先是国家政策的因素。从我国改革开放的历程看,继农村改革取得伟大成功之后,国家即着手进行城市经济体制改革。改革从国营企业的经营模式开始,或承包,或租赁。以后改革逐步进入深水区,实行企业所有权的改革。根据当时国家的要求,除了关乎国计民生的国有大企业,如供电、石油、交通、电信、金融、保险等行业、企业外,其余的国营企业,尤其是地方国营企业,原则上全部改制,变国营为私营或合营。这就是政策的因素,大势所趋。

其次,是长期实行计划经济体制,企业适应市场调节的能力比较差,研发和创新投入严重不足。据了解,在改制之前,机床厂早年是我市机械行业的老大,主要靠下派订单生产,随着机床生产的档次越来越高,订单渐渐减少,开工常常不足,到后来捉襟见肘,朝不保夕。仪器厂原先是机床厂的一个生产复照仪的车间。因为当时在印刷行业胶版印刷替代老式的活字印刷,复照仪需求量较大,因而复照仪车间就从机床厂分离了出来,专门成立了仪器厂。当时仪器厂厂长与新华印刷集团关系密切,由此,在全国印刷业界小有名气,他们就凭借这份优势,主导开发生产胶版印刷机械和 PS 版等相关器材系列产品,一度蜚声省内外。谁知好景不长,在电子印刷技术普及推广以后,原有的主产品胶版印刷机械和器材系列产品很快退出市场,企业全面亏损,资不抵债。化肥厂在很早以前就是县里的亏损大户,只要生产就亏本,亏本也还是要保煤、保电、保生产,目的就是保化肥、保粮食、保稳定。有人打了一个比方,说这类国有企业就像一块棒冰,每时每刻都在融化。与其让它白白地化掉,不如把它及早处理掉,或卖、或破、或关、或并,实行资产重组。

三是分配机制缺乏活力,广大工人的生产力没有得到充分发挥。在改制之前,大锅饭、铁饭碗,干多干少、干好干坏一个样,从上到下经济利益不直接,既缺乏压力,也缺乏动力。厂里的工人虽常常以领导阶级、老大哥自居,但真正具有主人翁意识者不多。20 世纪 90 年代国有企业刚刚改制的那几年,不时地听到"国字号"的工人老大哥发牢骚:我们还是名义上的领导阶级,凭什么把我们的厂说卖掉就卖掉,一朝散了,把我们的人说买断就买断,一脚踢了!

在企业改制后,工人们有的被相关企业续聘,只是不再是什么固定工、正式工,一律是合同工;有的被一次性买断工龄,变成"社会人",到市场上去找工作、挣饭吃,不再是"国字号"工人老大哥;还有的利用原有的技术、人缘和销路,自己当老板。原机床厂副厂长陈善元在城区工业园办了一个机械厂,制造专用数控车床,据说效益很好。更多的人是自己通过各种渠道,转向了商业和服务业,或独立门户,或为人家打工,真正在家待业的是少数的、暂时的。这使我想起了看广场电影,全场只有一块不大的屏幕,成千的观众,每个人都可以找到一个恰当的位置和合适的角度看到电影。现在大学毕业生,哪怕是清华、北大的,都不可能由国家统包分配,但是,就业率好的学校都在95%以上。现在的居民和农民,城镇户口和农村户口,没有什么大的差别了,没有必要分得那么清了。城镇人当老板,农村人为他打工,或者农村人当老板,城镇人为他打工,现在都是常态。一个人的生存、发展和成就,在同一个市场平台上公平竞争,这才是人们就业应有的生态环境。

20年后的今天,人们逐步地适应了,有的人还庆幸地认为,要不是国营企业改制,说不定到今天还是拿那点死工资,怎么也发不了财。人哪,总要有一定的压力,有压力才有动力,才能不断进取,才能在逆境中立身。

五、宝塔湾和庆云禅寺

宝塔湾原叫金瓶湾,位于城区大西门。清康熙二年(1663),邑人季式祖夫妇(季开生族兄弟,官至浙江昌化知县)在此建法轮塔,俗称宝塔,故而乡人改称金瓶湾为宝塔湾。

法轮宝塔为砖木结构,上下七层,塔基内呈正方形,边长 4.4 米,并有木梯环塔身依次上升至塔顶。外围呈八角形,平顶。为什么是平顶,说法不一。有的说是当年的建造者家遭剧变,不得已而停工;有的说是建造者匠心所致,有意为之,寓意永无止境;还有的说是被日本人炸掉了……孰是孰非,有待进一步考证。我记得在 20 世纪 70 年代的时候,我曾经到塔里面看了一次,当时大队(村)的卫生室设在那里。后来,大概是危险了,不知什么时候搬出来了。在那时,平顶上面和外墙的隙缝里,特别是背阳的东边和北边,从上到下的青砖已经剥落不少,好多地方长满了杂草,甚至杂树。说实在的,那时大多数的泰兴人并不关心它的存亡。

庆云禅寺原来不在宝塔湾,而是在老"二招"(招指招待所)里面。提起老"二招",泰兴人无人不知,无人不晓,它是我县召开会议和接待大多数外客的主要场所。早在 20 世纪 70 年代以前,"二招"北面是一条东西向的内城河,河面较宽,西通西水关(县城另有一座北水关),东通老羌溪河——东环城河,北折通老龙河,再向西通长江。清清的河水流过城区中心,是今人多么向往的美事!在这条河上,有一座桥叫安泰桥,连通南北鼓楼街。安泰桥西,河北坐落着法院、检察院、电影院,河南边主要就是"二招"、庆云寺;安泰桥东,河北坐落着"一招"、老大戏院、老人民公园,河南则是老中心小学、千年古银杏、江苏省泰兴师范等。中小北面的河中央还有三个互不相连而又相互顾盼的土墩,史上称"三妃墩",是旧时泰兴城区的老景点之一。据说,宋高宗赵构还是康王时被金兵追杀至江边,被一位仙人用"泥马"搭救渡江来到泰兴,可能就住在内城河南边安泰桥东的"大观"里,"大观"位于原泰兴镇中心小学处。后来,他的三个妃子合葬在上述内城河里的土墩上,因有"三妃墩""泥马渡康王"之说。康王赵构在应天府(今河南商丘)继位,史称宋高宗,为纪念泰兴于其有救命之恩,敕赐"大观"一匾额"延佑观";又敕赐泰兴城隍为"忠佑伯",表彰用泥马渡江救康王的仙人泰兴城隍。泰兴城隍庙在原襟江小学内,曾是一座完整的庙宇建筑群。

"二招"北边内城河的水面尤其宽阔。河南岸耸立着一座类似皇宫的大殿,抱柱斗拱,飞檐翘角,甚是壮观!这就是庆云禅寺。关于庆云禅寺,泰兴民间有个传说。说是公元999年,即宋真宗咸平二年,泰兴人季川所建造。季川,其先祖中原人,五代十国时期,北方战乱,一路逃难到泰兴落脚、繁衍,至季川已经有四代。季川弟兄三个,排行老三,因其祖籍是北方,乡人为他起了个外号"季三鞑子"。季家先祖勤劳、朴实,经过几代经营,家境殷实。季川从小聪慧,后状元及第,贵为驸马,官至左都御史,专司督查官员职责,有所谓"季三鞑子上朝,地动山摇"之说。后因季川参太子涉及命案,惹怒了皇上而失宠,被免官回到老家泰兴,携公主赋闲在家。一天,其母向儿子提出要进皇宫看金銮殿，皇宫岂是个人能随便出入的？出于孝心，季川就仿照金銮殿建造了一座大殿。哪里知道有人参了他一本，季川得知后，连忙差人将大殿改为寺庙。等到钦差来泰兴调查此事时，寺庙里大小佛像应有尽有，这才化险为夷。

这只是一个传说。有无"季三靼子"其人？泰兴文史界老者翁家藩对此进行了多方考证，在查阅县志、《重修庆云禅寺碑》等历史文献后，推究认为并无其人。翁老认为，庆云寺的建造可上溯到宋咸平二年，规模并不大。至元朝由驸马都尉、泰兴人蔡梦祥奉献宅基扩建。蔡父祖籍安徽，少从元世祖入主中原，任泰兴县尹，后升任扬州路总管。蔡梦祥出生后，全家迁居泰兴，及梦祥长大后，即以泰兴为故乡。后因父功尚公主，赐泰兴为公主"采邑"（元制，非勋臣世族及封国之君，莫得尚公主）。后又因父功，蔡梦祥继任扬州路总管，对泰兴父老"以瞻乡里之不足而深恤之"。另外，县志有一处记载"庆云寺驸马都尉蔡梦祥宅"，"庆云寺蔡梦祥舍宅益之"，由此推测蔡梦祥将全部驸马府并入庙内，以避"私造金銮殿"之叛逆之罪。据此，翁老分析，一蔡家是随元世祖入主中原的"靼子"，二驸马府，三"舍宅益之"，亦或蔡梦祥也排行老三，年深代远，以讹传讹，在蔡梦祥身上发生的有据可考的事件，就被乡间移植到所谓的"季三靼子"身上，因之，"季驸马计修庆云寺"等故事就在民间你传他传，代代相传了。至于"季三"，县志上确实载有此人,名季贞,季开生的三弟,是顺治十八年工部主事,没有为驸马的记载,更不可能建造相隔几个朝代前的庆云寺。而且,季贞是地地道道的泰兴人,何以称其为"鞑子"?

继元代蔡梦祥扩建庆云寺以后,明万历年间,知县陈继畴倡议重修,并于万历二十六年(1598)勒石《重修庆云禅寺碑》记之,现此碑尚存,是考证庆云禅寺的硬实佐证。也在明万历年间,御史、福建巡抚、泰兴人朱一冯为庆云寺修建钟鼓楼、准提楼、千佛楼、定慧斋、西竺庵、普同塔院、崇福院等七院。加上先前所建的大殿(大雄宝殿)、藏经楼,庆云寺殿堂楼阁鳞次栉比,宏伟壮观,为当时大江南北的名刹之一。

公元1657年,清世祖顺治亲题"敕赐庆云禅寺"牌匾,雕龙、蓝面、金字、木质、竖式的牌匾,悬挂于庆云禅寺山门上方,算是经官方正式命名。

翁老对庆云禅寺历史的考证,可以概括为:庆云寺奠基于宋咸平二年,约在元成宗大德年间(1297—1307),改建为"寺",遂有"庆云寺"之名,明万历二十五年至三十年(1597—1602),知县陈继畴倡议重修,朱一冯继建,清顺治十四年(1657)经官方正式命名为"敕赐庆云禅寺"。先后发展六百余年,历北宋、南宋、元、明、清,在我国庙观建筑史上算一大奇迹。

斗转星移,时过境迁。抗日战争和解放战争期间,庆云寺屡遭破坏,配殿先后被拆除,汪伪师长蔡鑫元曾以大殿为据点,山墙上留有许多弹孔。解放以后不久,庆云寺周围兴建了"二招",县委党校也在那里面,庆云寺大雄宝殿曾经作过县委党校的礼堂。1966年"文化大革命"刚刚开始,泰兴县中学教师集训班在党校进行,我们就住在庆云寺大殿里,睡地铺。大约在1978—1979年,老羌溪河加宽、裁直、东移,开挖新河的泥土被用泥浆泵冲填到前面所说的"二招"北面、城区中部东西向内城河,变成了现今的国庆路。20世纪80年代初,"二招"兴建对外接待楼和大礼堂,庆云寺的大雄宝殿最终也免不了被拆除的厄运。至此,千年古刹庆云禅寺荡然无存,痛哉惜也!"敕赐庆云禅寺"牌匾也散失在民间。是时,县档案局相关同志深知此牌匾的价值,最终在南园大队找到了这块无价之宝,收归市档案馆珍藏,至后来重建庆云禅寺时,将这块牌匾奉还新庆云禅寺。

新建的庆云禅寺,早期工程是蔡彭年同志任泰兴市委统战部部长期间,将原襟江小学内的老城隍庙大雄宝殿原样迁移过去的。老城隍庙的历史比庆云禅寺还要早两年,将其大雄宝殿平移过去,也是一项功德无量的工程。此项工程,在当时也是十分不容易的,有认识上的统一,有经费上的筹集,还有技术上的困难。经过统战等部门的积极努力,经过信众的募捐善款,经过匠师们的精心筹划、精细搬迁、精准对位,新庆云禅寺(早期工程)终于2004年在大西门宝塔湾新址举行了开光大典。

紧邻新址庆云禅寺的西边就是原来宝塔湾的宝塔，已经修缮一新，而且有了塔顶，恰好与庆云禅寺相映生辉，好像是一个原配的建筑群。然而，不少同志认为，新修宝塔加了个顶，反而使泰兴少有的文化遗产失去了原汁原味，况且，有顶的宝塔到处都有，而无顶宝塔，说不定在全国独一无二。

现在，这一建筑群的西边又开辟了 100 多亩地，兴建了一座更大规模的寺庙，据说，这就是将来的新庆云禅寺。高大的山门门楼面临延令路，坐南朝北，路北边是一个标配的寺庙建筑群，正殿、配殿齐全，殿子的后面还有一大片树木。山门对面、延令路南还有 100 多亩的寺庙园林。据说是台湾的一位高僧投资兴建。

关于庆云禅寺和"季三靸子"的说法多多。我建议采信翁老对庆云寺的硬实考证和符合逻辑的推论。在新建庆云禅寺最醒目的位置，勒石立碑，让后人对我市庆云禅寺先后发展六百多年、经历多个朝代这一庙观建筑史上的传奇，能知道其来龙去脉，这也是对历史文化的尊重和延续。

2015 年春写于南京

后记：珍贵的遗产

2021年8月，父亲离开了我们。2023年1月，母亲也离开了我们，到另一个世界里继续陪伴父亲。

父母养育了我们姐弟三人，给我们留下了幸福温馨的回忆，欢乐美丽的影像，还有大量平实儒雅的文稿和书法作品。我们永远感谢和怀念父母，永远守护和传承这些珍贵的遗产。

这本《文教往事》遴选了父亲生前自选文集《实言闲趣》中的大部分文章，聚焦地方文化、教育和经济社会时代变迁的经历和感悟，以个人和地方视角为"百年未有之大变局"保留一份文字见证。

感谢父母的亲朋好友和同事们。

感谢各位师长和广陵书社对本书出版的支持。

谨以此书献给我们的父母！

子女：爱武、爱萍、新建

2024年7月6日